学研のヒューマンケアブックス

気持ちがラクになる！ 先輩ママの体験アドバイス

発達障害の子を育てる58のヒント

新装版

はじめに …… 6

第1章 乳幼児期の「もしかして」を大切に …… 9

01 1歳半健診の結果はアテにしない …… 10
02 「様子を見る」は「何もしない」と同じこと …… 12
03 2歳代で気づけるかどうか …… 14
04 幼稚園・保育園は選べるなら選ぶ …… 16
05 無理して公園デビューはしなくてオーケー …… 18
06 好きでパニックになる子どもはいない …… 20
07 かんしゃく対応には「折れない覚悟」が必要 …… 22
08 〝こだわり〟は不安の裏返し …… 24

Column 1
ゲームとの付き合い方… 26

第2章 学校や幼稚園・保育園とのかかわり …… 27

09 子どもの「説明書」を作る …… 28
10 先生に最初にお願いする三つのこと -その❶- …… 30
11 先生に最初にお願いする三つのこと -その❷- …… 32
12 先生に最初にお願いする三つのこと -その❸- …… 34
13 先生にどこまで何をお願いするべきなのか …… 36

14 「委員」「役員」断るべからず……38
15 「今日の〝困った〟」を必ず教えてもらう……40
16 「しのぐ」スキルを身に付ける……42
17 これならできる！を知っておくこと……44
18 予習ができる情報をもらう……46
19 〝みんなと同じにできる〟がゴールじゃない……48
20 先生からの情報は事実として受け止める……50
21 通常学級にいることが〝正解〟なのか……52

Column 2
金銭感覚の養い方……54

第3章
療育の効果を追求する……55
22 療育の効果が出るのはいつ？……56
23 療育には優先順位づけが必要……58
24 「繰り返し言って聞かせてください」の効果は？……60
25 療育の最大の障壁は家族？……62
26 親は先生になるべきではない……けれど……64
27 民間の療育機関の選び方……66
28 療育を受けるコツ……68

Column 3
トンデモ療法に気をつけろ…70

第4章

発達障害の診断をどう考えるか……71

29 ラクになるなら診断は早めに……72
30 わざわざ〝発達障害〟にしなくても、という声……74
31 発達障害の専門医にかかる必要はある？……76
32 診断名と療育はセットではない……78
33 どうする？　本人告知……80
34 告知の前にしておくこと……82
35 「こうなりたい」を一緒に探す……84

Column 4
服薬について……86

第5章

子どもへのかかわり方……87

36 同じことで叱った時に保護者がやること……88
37 「いつか治る」と思って叱ってもダメ……90
38 「そのままの君でいいよ」は正解なのか……92
39 感覚過敏を理解する……94
40 いじめられる前提で〝保険〟をかける……96
41 遊び場は大人の目があるところに……98
42 失敗に備える……100
43 苦手のループに陥らせない……102

44 子どもの〝うつ〟を見逃さない……104
45 親子にも相性がある……106
46 習いごとの選び方・続け方……108
47 恐怖の七五三、入園・入学式……110
48 「どこかが天才」はひと握り……112

Column 5
ケータイ、パソコンは使いよう……114

第6章
保護者が子どものためにできること……115

49 「〝無理解〟があって当たり前」を〝理解〟する……116
50 気づいたことは面倒がらずに記録に残す……118
51 「親の会」は慎重に選ぶ……120
52 情報は自らキャッチしにいくもの……122
53 発達検査は「どこで」「いつ」が肝心……124
54 継続してフォローしてもらえる機関を探す……126
55 自宅は〝賃貸〟がベター……128
56 保護者にもクールダウンが必要……130
57 保護者は子どものプロであれ……132
58 お母さんこそ、息抜きを……134

手作りして使ってみたら効果があった! 子ども支援ツール……136
あとがき……142

はじめに

診断名は必要なの？
療育の効果っていつ出るの？
学校の先生には、どこまで何を伝えたらいいの？
発達障害の子どもを育てていると、疑問に思うことがいくつも出てきますよね。
そして、つらくて大変で、もうどうしたらよいのかわからないことも、たくさん。

世の中には、発達障害の知識を深めてくれる本や、療育方法について触れた本、ソーシャルスキルトレーニングのノウハウを扱った本などさまざまな専門書があります。
保護者の方がどのようにして自分の子どもとかかわってきたのか、どんな療育をしたら効果があったのか、といった体験談をまとめたものも数多く見られるようになってきました。

しかしながら、療育機関との向き合い方、園や学校との関係のつくり方など、保護者が毎日の生活の中で必要としている情報については、なかなか手に入りづらいように感じていました。

また、発達障害の子どもはこんな特性があるのだから周囲は理解し、支援していかなくては、という話も大切ではあるのですが、保護者の側の精神的な負担も大きく、頑張り疲れてしまうケースも少なくないように思いました。

一方で、私自身も発達障害のある子どもを育て、いろいろと回り道や失敗を重ねてきた結果、子どもとの関係をスムーズにしてくれる〝コツ〟のようなものがあることもわかってきました。何に注意して、どう立ち回るといいコトがあるのか、園、学校、療育施設、家庭それぞれでのポイントを、私が気づき考えついた範囲でまとめてみたのがこの本です。

私は保護者の1人であり、発達障害の専門家ではありません。ここに書かれているのはあくまでも私個人の体験をもとにしたものです。療育のノウハウについての言及もありませんし、育児記録ともちょっと違う感じですが、発達障害の子どもをもつ保護者同士、井戸端会議のようなつもりで、気楽にお読みいただければと思います。内容的には、乳幼児期から小学校中学年くらいまでの発達障害（かもしれない）子どもをもつ保護者の方向けになっています。

賛否両論ある項目もあるかと思いますが、「読んでみたらなんだかちょっぴりラクになったかも」と感じていただけるところが1つでもあれば幸いです。

第1章

乳幼児期の「もしかして」を大切に

01

1歳半健診の結果はアテにしない

私には療育ママ友なる存在がそれなりの人数います。そのママ友の子どもの中で、1歳半健診で発達について何か指摘された子は、驚くことに1人もいません。にもかかわらず、みんな口をそろえて言うのです。

「そういえば、1歳のころから〝あれ……？〟と思っていた」

この「そういえば……」がミソなのです。親が「どうもほかの子どもと違う気がする」、「手のかかる育てにくい子」などと感じていたその直感は、あながちハズレではなかったわけです。

というわけで、1歳の段階で診断うんぬんまでというのは難しいと思いますが、「もしかしたら……」くらいは、ひそかに思っていて正解。

なかには発達障害の子どもの早期発見を目標に掲げて、きめ細やかな健診を行っているスバラシイ自治体もありますが、残念ながらそれはほんの一部。言葉が遅い、などのわかりやすい特徴が見えない限り、ほとんどの場合、発達障害のある子どもは気づかれずにスルーされてしまっているようです。

これは1歳半健診だけでなく、残念ながら3歳児健診でも同様です。だって私のママ友の子どもたちは、やはり誰1人として何も言われなかったんですもん。

欧米では1歳代からの診断も当たり前。早期に療育がスタートできるので、そのぶん子どもの可能性も広げてあげられます。日本では、早期発見はもとより、1、2歳ではその後の専門家のフォロー体制もまだ十分とはいえません。数少ない民間の療育機関の一部が手掛けているのみです。

だからといって何もしないのは、ちょっともったいない。

もし、健診をスムーズに通過しても、心配なことがあるのなら、その年齢でやれることとは何かを考えて、実行に移していく。

あの時、ああすればよかった……の後悔だけはしないようにしたいですね。

02

「様子を見る」は「何もしない」と同じこと

せっかく「もしかしてこの子は……?」と保護者が早めに気づいて行政機関に相談に行っても、「もう少し様子を見てみましょう」と言われてしまうことがあります。

「様子を見る」は「何もしない」と同じです。

せっかくの早期療育のチャンスを失い、幼少期の大事な時間を無為に過ごすことになってしまうかもしれません。もちろん、「様子を見る」ことは必要ですが、様子を見ながらやれることは別にあるはずです。

現時点で発達障害の診断がついているかどうかなんて関係なし。何かしら、保護者が疑問に思ってアクションを起こしているわけです。保護者が毎日のように頭を悩ませている問題があるわけです。それを解決したくて相談に来たのに、

「発達障害じゃないかもしれないから様子を見る」なんていうのはちょっともったいない判断だと思います。

同じ「様子を見る」でも、どんな時にどんな行動が起こるのかをある一定期間、記録しながら過ごすことだってできるはず。それは後の療育の貴重な材料になるはずです。

もし、行政機関が何もしてくれないなら、一生懸命本を読んだりして問題行動への対応法を勉強してもいいし、余裕があれば民間の施設を探してもオーケー。ちょっぴりお金はかかるけど、子どもが成長してから問題に対処するほうがもっとお金がかかるし、残念ながら療育効果も見込みづらくなってしまいます。

次の健診まで、1年以上放置するなんてとんでもないことです。心配し過ぎはよくないけれど、療育効果が高いといわれる幼少期を無為に過ごすようなことだけは、なんとしてでも避けましょう。

「様子を見ましょう」はデンジャラスワード。もしあなたが言われるようなことがあったら、「いつまで？」「様子の見方は？」「記録はとるべき？」などと突っ込んでみることをおすすめします。

03

2歳代で気づけるかどうか

別に急いで診断名をつけてもらう必要がある、ということではないのです。保護者が、「この子はもしかしたら……」と発達障害の可能性を視野に入れる、ということでいいと思います。

なぜ2歳なのでしょう。私が思う理由は、以下のとおりです。

●幼稚園へ入園する前にわかっていると、園への対応をお願いしやすい。

●就学前の療育期間を長くとることができる。

そして、ＡＢＡ（応用行動分析）での療育などではよくいわれていることですが、

●療育の効果が劇的にでるのは5歳まで。早ければ早いほどよい。

私の場合は、子どもの
「毎回、同じ道順を要求する」

「人が大勢集まっているところに決して入らない。入れようとすると泣き叫ぶ」

「プールに入れると水をがぶがぶ飲んでしまう」

「おもちゃの取り合いで、お友だちにかみついてしまう」

などという行動を見て、なんだかおかしいな？　と感じていました。

2歳になる前に、近くの小児科でやっている発達相談へ子どもを連れていったのが、最初のアクションです。いろいろ自分で調べて「この子は発達障害なんじゃないだろうか」と思い始めたのは、2歳半くらいだったと思います。

療育の開始は3歳半くらいからですが、今振り返ると2歳で始めることもできたはずなんですよね。あの1年をもったいない時間だったと、今はちょっぴり後悔しています。

「育てにくさ」は、子どもからの「助けてほしい」のサイン。見逃さずにおきたいものです。

04

幼稚園・保育園は選べるなら選ぶ

保育園は難しい場合が多いかもしれませんが、幼稚園の場合は入園先を選べるという環境の方もいると思いますので、ご参考までに。

個人的には、入園に際して面接があるなど一定のラインを設けているようなところは、あまりおすすめできません。そういう幼稚園は、たかだか3歳（子どもによっては2歳）の段階でそれなりの完成度を子どもに求めているということ。発達がちょっと……なんて子どもにはきっと窮屈です。

それに、そのような面接で合否を決める園へ子どもを入れようと思う保護者は、それなりの考えの方が多いはず。入園したあとに自分の子どもの困った行動が保護者間で話題になることほど切ないことはありません。

というわけで、来るもの拒まずオーラ全開の、カジュアルでフレンドリーな園がおすすめ。くれぐれも有名デザイナーの制服がカワイイ！　給食があるからラク！　なんていう理由だけで選ばないようにご注意を。

大事なのは園側に「発達障害かもしれない子どもも受け入れる」という意志がちゃんとあることです。入園案内に明記している園もありますが、これは少数派。

特に明記されていなくてもあきらめる必要はありません。入園願書を出す前に、まずは幼稚園に連絡をして園に行ってみましょう。そして、園長先生と話をすること。

この時の対応で、園のだいたいのことはわかるものです。やっかいな子が来ちゃったな、という迷惑げなオーラを感じたら、もう撤収です。

「私たちは保育の専門家ですが、発達障害の専門家ではありません。園とお母さんと専門家の方と三角形でお子さんを支えていきましょう」

子どもの入園に際して園長先生がおっしゃった言葉です。何か所も見学に行って、やっと見つけた幼稚園。ちょっぴり遠かったけど、3年間、本当にすばらしい経験をさせていただきました。

子どものことを理解してもらえる、そして保護者の精一杯の姿勢を評価してくれる園に、あなたも出会えるといいですね。

05

無理して公園デビューはしなくてオーケー

だいたい1歳を過ぎたころでしょうか。〝公園デビュー〟をするのは。

どこの街にも、砂場、ブランコ、すべり台の3点セットがある小さな公園があって、平日の午前中には子どもを遊ばせながら、ずーっとおしゃべりしているお母さんたち（お父さんも！）がいるものです。

かつてメディアをにぎわせたような、過剰な緊張は不要とされているようですが、子どもを連れて初めて公園へ行くのは、誰でも少しドキドキしますよね。

そのドキドキ感がハンパないのが、発達障害（だと思われる）の子どもの保護者。子ども同士、ましてや言葉もまだの乳児だったりするわけですから、ちょっとしたいさかいは当たり前なのですが、それにしても自分の子どもだけがなぜかいつも絶叫&大泣き。あげくの果てに、手が出るわ、かみつくわで、一瞬たりとも目が離せない状態に。当然、保護者のほうは、謝り倒しですっかり疲れてしまいます。そのうえ、なかなか遊びを中断できずに、いつになったら家へ帰れるのやら。

こういうことが続くと「あの親子、また来たわ……」と、いやーな顔されちゃったりもして。もう公園なんて行きたくない！　と思うまでにそれほど時間はかかりません。

ですから、行かなくてもいいんです。公園なんて。

公園デビューなんてしなくても、1歳や2歳で近所に友だちがいなくても、誰も何も困りません。

どうしても公園で遊びたいなら、時間をずらす。誰もいない夏の早朝の公園は気持ちいいですよ（笑）。子どもにあまり人気がない、遊具はぱっとしないけど空いている公園を探すのもおすすめ。日向ぼっこ中のおじいちゃんがかわいがってくれたりします。

でも、お友だちとのかかわりも……と思うんだったら、保育園の子どもがお散歩でよく来る公園に、時間を合わせて行ってみましょう。複数のプロの保育士さんがついている中だと、1人くらいすごい子が交じっていても、うまいこと調整してくれることもあります。しかも保育園児が帰るタイミングで一緒に帰るとスムーズです。

06

好きでパニックになる子どもはいない

全く予期しないところで、突然の大泣き。周囲の冷たい視線に、アタシ、何かした？と一緒にいる保護者のほうも、ぶっちゃけパニックです。

でも、子どもだって好きでパニックを起こしているわけではないんですよね。本人もできれば平穏無事に毎日過ごしたい、と思っているはず。楽しくて、ぎゃんぎゃん泣く子はいませんもん。

だから一緒にいる大人のほうが、どうしたら子どもがパニックを起こすことなく、毎日生活ができるのか、考えなくちゃいけません。

子どもの周辺環境に原因があるようだったらそこをまず変える。

たとえば、外食のたびにパニックになるなら、最初のうちはよほどのことがない限り、外食は避ける。何がなんでも、ごはんどきは家に帰って来るようにします。

そのうえで何がパニックの引き金になっているのか考えます。それは単に家ではない場所であることが問題なのか、それともいつも使っている食器ではないことが問題なのか、そうじゃなくメニューが好ましくないものだったのか、店内がうるさいことなのか、あるいはその全部なのか……。

メニューの問題ならお店を変えてみればいいし、場所の問題なら、実家や親戚宅、親しい友人宅など、自宅以外で食べる練習をしてみる。大好きな食べ物を持参してね。

何日か前から予定を提示して、本番に備えるのも定番の対策。

外食はもうダメなのかも、とあきらめる前にやれることはいくらでもあります。

パニックは、子どもの混乱や不安の裏返し。子どもにとって、自分の一番身近にいる人がその原因をわかってくれないほど、切ないことはありません。パニックは子どもを知る大事な材料と考えて、冷静にその原因を考えてみましょう。

うるさいところはダメ、人が多いところもダメ、などの傾向がつかめてきたらしめたもの。別の場面でも応用がきくようになります。

保護者のあくなき探究心があってこそ、子どもの世界も広げてあげられるというもの。パニックは、その大きな手がかりなのです。

07

かんしゃく対応には「折れない覚悟」が必要

前項で取り上げたパニックと、これからお話する〝かんしゃく〟は区別して考えます。パニックが不安や戸惑いが表れたもので、本人にもコントロールが難しいのに対して、かんしゃくは自分の思いどおりにならないことがあった時などに、その感情が爆発して表に出てきたもの……と素人ながらに解釈しています。

パニックは防止できるものと考え、環境の調整をメインにしていくのですが、かんしゃくについては、本人の考え方を変えてもらう必要がでてきます。よって保護者の対応にもパワーが必要です。

ぎゃーっと泣かれて、そのたびに言うことを聞いていてはダメ。それどころか一度でも、その理不尽な要求をのむと、次は間違いなく倍返しが待っています。

かんしゃくに対して少しの譲歩もしない、そんな「折れない覚悟」をもち続けるのは本当に大変です。目の前には泣き叫ぶ我が子がいるわけですしね。

でも、かんしゃくが自己主張の手段になると学ぶことは、保護者はもとより本人にとって不幸なこと。ですからそれを保護者があと押しすることになってはいけません。

では、どうするのか。

「今日はおやつを買わないよ」という約束で行ったスーパーで、おやつが欲しいとかんしゃくを起こしたら、即刻子どもを抱えて退場です。これで最後ね、と約束した遊戯施設のアトラクションなども、まだやるー！　ぎゃーっとなった時点で抱えて退場。かんしゃくを起こしても何一ついいことがないと、身をもって体験してもらいます。もちろんほかのお客さまにも迷惑なので、さっさと屋外退避です。

ちなみにこの手が使えるのは、子どもがまだ小さくて、暴れても抱えていられるうちだけ。大柄なお子さんでは、3歳くらいでリミットですのでご注意を。

同時に、かんしゃくを起こすのではなく、自分の欲求を伝える別の手段をもつこと、叶えられない場合に、自分の心を自分で落ち着かせる方法を見つけることなど、これから生きていくために必要な社会的なスキルを身に付けるトレーニングも必要です。

これが専門家にお願いする〝療育〟。両輪で対応していきましょう。

08

〝こだわり〟は不安の裏返し

パニック・かんしゃく・こだわりが発達障害の子どもの幼児期の〝三大たいへん〟なのではないかと思う今日このごろ。どうして何かと「こうじゃなくちゃいけない」と主張するのか、全く理解できずに保護者のほうも精神的に疲れ果ててしまいますよね。

では、なんであんなにこだわるんでしょう?

こだわりの理由は、分けて考えたほうがいい気がします。

一つは単に感覚の問題。皮膚感覚が鋭敏で、長袖に耐えられなくて真冬でも半袖しか着られない、衣類のゴムの締め付けが苦手、など身体的な感覚が原因で、結果としてこだわらなければいけない必要性が出てくるケースです。

もう一つは、〝変化が苦手〟という特性から。「同一性保持」という言葉で表されることも多いようですね。

夏になってもそれまで着ていた上着がなかなか脱げない、同じ道順がいい、いつも同じご飯のメニューじゃなくてはいけない、など、とにかく〝変わる〟ということが大事件であるがゆえに、結果として同じものにこだわってしまう。

これらが共に原因となっている場合もあるかもしれません。

そして、忘れてはいけないのが、「こだわりたくてこだわっている子はいない」ということです。

本人だって、こだわらないで済むならこだわりたくない。でも、ほかの手段では不快な思いをするかもしれない恐怖があるから、その状態にこだわるわけです。

それに、発達障害の子どもに限らず、誰だって「よく知ったもの」のほうが安心なのは同じです。発達障害の子どもは、私たちが想像するよりもずっと、毎日たくさんの困難に挑戦し続けています。それがどれだけ不安なことか。その中で少しでも安心したいから、「いつもと同じ」に安心を求めるということなのだと思います。

こだわりは不安の裏返し。こだわりをターゲットにして減らそうと思う前に、どうしたら安心を増やせるのかを考える。

それが、身近にいる保護者が大事にしたい視点ではないかと思います。

Column 1

ゲームとの付き合い方

実は、最初にゲーム機をおすすめしてくれたのは、療育先でした。

ひらがなの練習にいいソフトウェアがありますよ、ということで。

市販されているひらがな練習帳では、どれだけ書いても不思議なくらい見事に形が覚えられませんでした。

一方、ゲーム機の練習ソフトでは、書き順を動画で提示してくれたり、練習した分ちゃんとスタンプがたまっていったりと、楽しんで覚えられる仕組みがばっちり。紙の上での苦労はいったいなんだったのかと思うほど、すぐに書けるようになりました。

その後も、計算、空間認知、英語などのソフトをサンタさんが届けてくれたり、祖父母がプレゼントしてくれたりしましたが、楽しむだけの俗にいう「ゲーム」のソフトは決して与えませんでした。

なぜなら“やったらハマりすぎる”ことが、容易に想像できたからです。楽しくて途中でやめるのが大変なものを与えておいて、“ゲームをやめて宿題やりなさい！”と叱るのは、やはりイマイチなやり方だろうと思ったわけです。

じゃあゲームが全くできないかというとそういうわけでもなく、タブレットのアプリのゲームは許可しています。これはあくまでもごほうびとしての位置づけ。宿題をやり終えた、苦手な国語の問題集を頑張った、などのタイミングで遊ぶ許可がもらえる仕組みです。

しかも、インストールされているアプリは無料版のみ。面白いけど夢中になるには何かが足りないというのがちょうどいい感じです。

もちろん、やれる時間も決めます。残り時間が可視化できるタイマーを用意してアラームが鳴ったら終了です。

途中でやめるのが大変なものだからこそ、本人が自分の力でやめやすいように工夫したうえで与えるのが大事。とはいっても、実際にはうまくいかないこともしばしばあります。ゲームをめぐる親子の攻防に終わりはないのかもしれません。

第2章

学校や幼稚園・保育園とのかかわり

09

子どもの「説明書」を作る

私が毎年、第三者向けに作成しているもの。それは子どもの〝説明書〟です。

毎年3月くらいにバージョンアップ作業を行って、4月に学級担任が決まったら、お渡しするようにしています。もちろん、説明のための時間も可能な限りいただきます。

内容は、

●行動の特徴（問題行動だけに限らず）
●その原因（推定も含む）
●対処法（現在行っているもの）

が1セットです。たとえば、

●行動：偏食が激しく、給食がなかなか完食できません。
●原因：「初めてのもの」が苦手です。とても不安になります。

●対処法：給食のメニューを見て、家で練習できるものはしておきます。

幼稚園時代は、トークンシール作戦が有効でした。

などを一覧で見られるようにまとめます。

口で説明しても、先生だって全部は覚えきれないし正確にメモすることもできません。本当に理解してほしいなら、こちらもそれ相応の準備をする必要があります。面倒でも見やすくわかりやすい資料を用意するようにしましょう。

それに先生だって、発達障害の子どもを担当するのは不安なはず。行動の理由や、こうすればうまくいく、ということがあらかじめわかっていて、手元の資料で随時振り返ることができれば、子どもにも若干は余裕をもって接してもらえるはずです。

年に一度、バージョンアップ作業をすると、去年あった問題行動が気にならないくらいになっていることを発見してうれしくなる、なんていうオマケも。ぜひ、毎年の習慣にしてみてください。

※私が使っているフォーマットは140ページに載せています。

10

先生に最初にお願いする三つのこと －その❶－

学期の初めなどに先生とお話をする機会があった場合、診断名がすでにわかっている方は、担任の先生にその名称をお伝えしていますよね。

私はこの時、同時に、

「本人に診断名を伝えないようにしていただけますか」

とお願いしています。

すでに本人告知が済んでいる場合は別ですが、就学前や小学校低学年の場合は、まだ本人へは何も知らせていないことが多いのではないでしょうか。

これを言っておかないと、「○○くんは、△△が苦手な障害があるから……」なんて本人に向かってサラリと先生が言っちゃったり、ほかの児童に「○○ちゃんは障害だから、ちょっと我慢してね」なんていう、配慮に欠けたコメントをしてしまったりします。
これ、案外多いそうなんです。
これは私の個人的なポリシーですが、学校の先生などの直接の関係者を除いて、

「子ども自身のことは、本人が一番先に知る権限がある」

と考えています。想定していない第三者の口から発達障害のことが本人の耳に入るという事態は、絶対避けなければならないと思います。
ですから、何よりも先に学校の先生には、

「本人告知は、医師とも相談して時期をみて慎重に、と思っておりますので」

と、お話し、前述の〝説明書〟にも明記しています。

11

先生に最初にお願いする三つのこと　－その❷－

最近の先生たちの中には、研修を受けたり、教員免許を取得・更新される過程で発達障害について勉強されたりしている方も少なからずいらっしゃいます。

それはそれでとてもありがたいことなのですが、真面目な先生であればあるほど、書籍に書かれた情報をうのみにされて、

「ADHDの診断がついているから授業中は歩き回るはずだ」

なんてことを確信していたりします。

そんな先生に「うちの子はADHDで、アスペルガーで、LDです」なんて言うと、混乱を極めてしまうに違いありません……。

「診断名はあくまでもその子どもを理解するための枠組みの一つであり、特性は1人

ひとり異なるわけで……」とお伝えしたところで、なかなか実感をもってご理解いただけないのが現状です。

これればかりはしょうがないものの、それでも私は最初に必ず、

●診断名は○○だけど、そのすべての特徴が当てはまるわけではないこと。

●逆に、本には書かれていない特性もあること。

をお伝えし、診断名をとおしてではなく、まずは子ども本人を見ていただけるよう、お願いしています。もちろん、本人の詳細な特徴については、〝説明書〟に不足なく記しておくようにします。

先生の、理解しようとする姿勢に感謝しつつ、保護者のほうも説明を本やネット任せにしないようにしたいものです。

12

先生に最初にお願いする三つのこと －その❸－

先生というのはよっぽどの事件がないと、保護者へは何も教えてくれないことが多いものです。

図工の時間に1人だけ絵がさっぱり進んでいなくても、
帰りの支度が遅くていつも最後でも、
けん盤ハーモニカの級が1人だけ合格していなくても、
掃除当番や給食当番をサボりがちでも、

当然、先生からは連絡がありません。この程度のことで連絡をしていたら、先生も忙しくてしょうがないですしね。

でも保護者としては、子どもが今、何につまずいているのか知りたいもの。ツボを押さえたちょっとした支援でできることもありますし、今すぐは無理でも、ソーシャルスキルトレーニングの課題にしたりすることで、先々でできることを増やしてあげられるかもしれません。

一番怖いのは、「この子はできなくてもしょうがない」と思われてしまうこと。

そして、何も手が打たれないまま、放置されてしまうこと。

どんな小さな「できない」も、積み重なることで、いつしかその子どもの自信を奪ってしまいます。

ですから、先生には必ずお願いしておきます。

「どんな小さなことでもいいですから、教えてください。それをきっかけに成長できますので」

ま、そうはいってもなかなか教えてはもらえないんですけどね……。

13

先生にどこまで何をお願いするべきなのか

難しい問題ですよね。これには、こうすべし、という正解はないように思います。

よく聞くのが、先生にいろいろと情報をお伝えしたいけれど、先生には「私には私のやり方がありますんで」とそれとなく言われてしまって終了、というパターン。

それでうまくいっていればいいけれど、そうでない場合も多いと思います。

私の場合、そんな時は連絡帳にひと言、

「今日こんなことがあったそうですが、こうすると自宅ではうまくできています」

と書いておきます。

それを実行するかどうかは、先生のご判断におまかせします。

すぐには受け入れてもらえなくても、そのうち、子どもの対処に先生が手を焼く日が来たら、きっと聞く耳をもってもらえると信じて。

先生だって、ほかにもいろいろなお子さんをクラスに抱えているわけですから、しなくていい苦労をしたいとは思っていないはず。先生のキャラクターを見ながら、「先生が楽になるために」お知らせする、というスタンスで情報を提供させていただくのがよいようです。

一方で、たとえ先生に協力的な姿勢があったとしても、学校という現場ではこちらが理想とする支援すべてを実行可能だとは限らないことは、肝に銘じておきましょう。いろいろとね、そこには大人の事情もありますから。

よって、学校側が無理なく実行できる範囲はどこまでなのか、支援が不足していると思われる部分について家庭でやっておいたほうがよいものはあるのか、など理想的な環境づくりのために、合理的かつ現実的な役割分担を考えることが必要だと思います。

学校の支援が足りない、と文句ばっかり言っている間に、子どもは日々刻々と成長していきます。

とにかく、今、学校と家庭でできることを考える。

間違っても支援を学校に丸投げにしませんように。

14

「委員」「役員」断るべからず

働いている保護者の方は難しいかもしれませんが、できる範囲で引き受けておきたいのが委員や役員です。

理由は二つあります。

一つは、学校や園での子どもの様子を探るため。

学校生活の細かいところまで、先生に教えてもらうのは難しいもの。委員や役員を拝命すると学校や園へ行く機会が増えるため、その分、偵察の機会も増えます。授業中の様子を後ろの窓からのぞいてびっくり！ということも無きにしもあらずで……。

また、校舎内をウロウロしている時などに先生が、「そういえば……」と気軽にお知らせくださることもあるかもしれません。

おまけに、自分の子どもが日常的に何かをやらかしていたら、クラスのお友だちが「○○くんのママ、あのねー、○○くんがねー」と、ご丁寧にチクってくれます。

　これ、かなり重要な情報。

　もう一つは、恩返しです。普段から、どうしてもほかのお子さんよりは手がかかっているはずなのです。いくら仕事とはいえ、先生も大変なはず。

　そんな中で、「保護者がいつも一生懸命やってくれている」となると、子どももそれなりにちゃんと目をかけてもらえる、というのは理屈ではなく、人情というものだと思います。

　そう。世の中はギブ&テイク。できる範囲でかまわないので、お手伝いでさるところはお手伝いをしましょう。可能なら、子どもがいろいろとやらかしがちな低学年のうちに。

　最近の小学校ではお父さんの組織があることも少なくないので、お父さんのほうが頑張る、というのも悪くない話です。

　それともう一つ。「今日は学校や園にお母さん、お父さんがいた！」というだけで子どもはちょっぴりうれしいみたい。そんなこと思ってもらえるのも今だけかもしれません（もちろん最初から嫌がるお子さんもいるでしょうが……）。

　委員、役員、可能ならぜひ早めにトライしてみてください。

15

「今日の"困った"」を必ず教えてもらう

先生に教えてもらったり、保護者が偵察したり……。園や学校での子どもの様子を探るために、いろいろとお願いしたり工夫したりする必要があることはお伝えしてきましたが、忙しい先生に毎日報告をもらうわけにはいかないし、保護者がすべての授業を監視するわけにもいかない。

であれば、ここはやはり子ども本人に教えてもらうしかありません。

・先生に叱られた。
・友だちと仲よくできなかった。
・授業でわからなかった。時間内に終われなかった。
・忘れ物しちゃった。

自分が困ったこと、大変だったことを、つたない表現でもいいから、保護者にできるだけたくさん話す習慣をつけてほしい。

そのためにはまず、教えてくれたことに対して「説教しないこと」が大切です。怒られるとわかっていて教えるほど、子どももお人よしではありませんのでね……。「なにぃ！」と噴火しそうなところをグッとこらえて、どんな行動がマズかったのか一緒に考える。保護者の側に精神的な鍛錬が必要なのはいうまでもありません。

そして、もう一つ。子どもに「打ち明けてよかった」と思ってもらえるようにすることも大切です。つまり、子どもが保護者に打ち明けたことで問題が一つ解決した、楽になったと子どもが実感できること。

たとえば、次に同じことがあった時はこうしたらいいよ、という具体的なアドバイスをしてあげられること。保護者自身で思いつければベストですけど、なかなかそうはいかないので、専門家に聞くなりして、子どもが行動を変えられる手助けをしてあげる。

担任の先生になんらかの配慮をお願いすることが必要だと感じたら、その日のうちに保護者がアクションをとる。

とにかく「子どもの話を聞いただけ」にはしません。せっかく打ち明けてくれたんですもん。少しでも早く問題を解決できるように、保護者も頑張らなくちゃです。

16

「しのぐ」スキルを身に付ける

以前、「義務教育の9年間は発達障害の子どもにとって、最もつらく苦しい期間である」という話を耳にする機会がありました。

高校生になると、文系と理系に分かれたり、科目が選択できたりするし、大学では自分で勉強したいことを選ぶことができます。

一方で、小学校・中学校という義務教育の期間は、自分の得手不得手にかかわらず、みんなと同じことを、決められたカリキュラムの中で学習していくことが要求されます。

通級による指導で教科ごとにケアしてもらえる場合もありますが、そんな僥倖《ぎょうこう》にめぐまれる子どもはほんのひと握り。特別支援教育支援員の方についてもらおうにも、予算、人材ともに不十分な自治体が多いのが実情です。結果、多くの子どもは通常学級で苦労しながら過ごしているのではないでしょうか。

であれば、理想論はいったん置いておいて、まずは子どもが学校でしんどくならない方法を模索するのが得策です。つまり子どもに「しのぐ」方法を伝授するわけです。

たとえば、絵を描くのが苦手なら、定番の物の描き方を先に覚える。リンゴは赤い丸に茶色い棒を描く、人の顔は丸を描いて髪の毛を黒で塗って、のように。そのためのワークブックも市販されています。うまいへたはどうでもよし。この際、創造性なんてどこかに置いておいて結構です。

水泳や習字などは、習い事でプロの先生にフォローしてもらうのもいいですね。

もちろん、俗にいう「上達」ができればいいのはいうまでもありませんが、不得手なものは伸ばし切れないのが実情。だから、「しのげればよし」とします。その科目の時間が「耐え難いほどつらい時間」にならないように、あの手この手で底上げをしておく、という感覚です。

かけるパワーは最小限でオーケー。あとは得意なことをめいっぱい楽しむ。

9年間は長いけど、知恵をしぼればなんとかなります。

その前に、まずはどの教科のどんなことが苦痛なのか、子どもの目線で共有しておきましょうね。

17

これならできる！を知っておくこと

幼稚園時代と小学校で何が違うかといえばやはり、毎日宿題が出ることでしょう。

ちなみに宿題の量は一般的に、学年×10分が基準だそうです。つまり、1年生は10分、6年生になると60分！

そして発達障害のある子どもとその保護者が悲鳴をあげるのが、この宿題。なぜって、10分で終わるはずの宿題に、何時間もかかることが少なからずあるからです。

これ、冗談みたいなホントの話。

人によってポイントは違うとは思いますが、よく聞くのは漢字練習の宿題に時間がかかるというパターンです。

実に簡単な漢字であっても、左右のバランスがちょっとだけ違う気がする、何度書いても頭でっかちになってしまう、などの理由で、書いては消し書いては消しが続き、1時間たっても一文字しか書けていないなんていう事態に。そのうちノートが破れてパニックに、というあたりで終了……。はい、我が家の事例です。

行動の原因分析はさておき、これが毎日続くのですから、子どもも親もへとへとになってしまいます。親子関係も悪くなるし、なんとかしなくてはなりませんね。

保護者が学習支援の専門家である必要はないと思いますが、何かしらの支援のコツは知っておくに越したことはありません。

たとえば、前述の漢字なら部首に合わせて補助線を引いてあげるだけで違うそうです。漢字練習用のノートはだいたい十字に補助線が入っていますが、これでは部首のバランスがとりづらい。よって、「かんむり」の字なら上3分の1くらいに補助線を1本、「へん」の字なら左3分の1くらいに補助線を1本、あらかじめ引いておいてあげる。これだけでバランスの問題は解決です。

算数なら、おはじきでもマグネットでもいいから、視覚で計算をサポートしてくれるグッズを家庭でも用意しておいてあげる。

このようなアイディアはネット上にもたくさん公開されています。「特別支援」「学習支援」などのキーワードで探してみてください。

18

予習ができる情報をもらう

発達障害の子どもには、復習より、予習が効果的。

初めてのことが苦手、という特性に照らし合わせると確かにそうなのかもしれません。

それに、学校の教室というのは本当にたくさんの刺激にあふれた場所です。壁にいろいろと貼られた掲示物や作品、クラスメートの存在、校庭や隣のクラスの音など、発達障害の子どもが落ち着いて授業に取り組むのに最適な環境とはいえません。

そんな中、少しでも授業の内容をキャッチしやすくするために、授業を「知っていること」にして、興味をかきたてるというのもまた「予習」の目的の一つ。「あ！　それ知ってる！」と思えることで、初めてのことを延々聞かされるよりは、心もずっと平穏でいられるはずです。

また、これは苦手かも、と想定できることをあらかじめ家庭でゆっくり時間をかけて準備してあげられるのもポイント。授業時間内に課題をコンプリートできる確率も上がり、学校での自信にもつながるはずです。

では、この先の授業予定をどうやって入手したらいいのでしょうか。

学校によっては、学年便りのようなもので全員に事細かに授業の進度予定をお知らせしてくれるところもあります。そのほうが、誰にとっても楽だからという理由です。

でも、このようなユニバーサルな考え方の学校は、まだまだ少数派です。よって担任の先生にお願いすることになるわけですが、その際もあまりお手をわずらわせないようにしたいもの。たとえば、苦手な教科、または内容だけに絞って、予定を教えてもらうという方法もあります。

忙しい先生にとってはいろいろと面倒なことではあると思いますが、授業時間が終わってもさっぱり作業が進んでいない子どもの扱いのほうが、結果的にはきっと大変なはず……。

これについても、「先生もそのほうがラクだと思うのですが……」というスタンスで、お願いしてみるのがいいようです。

19

〝みんなと同じにできる〟がゴールじゃない

学校の先生の求めるとおりにできないと、その子はダメなのか。

そんなことは決してないはずです。

発達障害の有無にかかわらず、全員が同じ方法で、同じ時間内に物事を終わらせなければならないということ自体がナンセンスだとわかっちゃいるのに、こと学校の勉強となると自分の子どもにそれを求めてしまう。

その考えは、私たち保護者がまず変えなければならないと思っています。

たとえば、鉛筆を持って文字を書くのが苦手な子どもがいたら、漢字を10個書くという宿題は5個でいいんじゃないか。もしかしたら、それすら違って、なぞり書きアプリで練習してもいいんじゃないか。そう思うわけです。

大きな音が苦手なら、音楽の時間に耳栓やイヤーマフをしていてもいいし、けん盤ハーモニカの指使いは自分のやりやすい方法、もしくは一本指でもいい。

算数だって指で計算して問題なし。むしろ正確に指で計算できるような方法を覚えてしまうというテもあります。

子どもだって、早く書きたいし、指を使わずに計算したい。でも、できないからそうしているのです。

なのに、保護者も一緒になって、同じことを同じようにやらせようとしていたら、子どもは救われません。特別な配慮は家庭でも必要なのです。

先生にお願いするのは勇気がいることかもしれませんが、場合によっては、宿題の出し方を特別に変えてもらうなどのお願いを保護者がしてもいいと、私は思います。

もちろん、決して子どもに楽をさせようとしているわけではありません。

適切な支援があればできることは頑張ってもらう。

でも配慮のない、成果に結びつかない努力はさせるべきではないし、そんなことを積み重ねていたら、そのうち、努力自体したくなくなるのが関の山です。

何かを学び、できるようになることは本来楽しいことのはずです。

その楽しさを周囲の大人が損なわないようにしたいものです。

20

先生からの情報は事実として受け止める

すでに診断がついているお子さんについては、保護者の方も園や学校にお知らせしているると思いますが、「うちの子、ちょっと心配で……」という段階の場合、園や学校に何も言っていないというケース、少なくないと思います。

これ、ぜひお知らせしていただきたいと思います。

保護者の方が気になっている部分というのは、けっこう学校の先生も気になっているケースも多いようです。保護者の方にいつ言おう、どう言おう、とお悩みかもしれません。ナーバスな問題ですからけっこう長い間、先生は1人、心の中に抱え込んだまま苦しんでおられることも。実に無駄な時間です。

保護者があらかじめ「こういうところがあって心配なので」と情報をオープンにしておけば、先生も「実はこういうことがありまして」と言いやすい。支援が必要になった時もすぐに手を打つことができます。

もし入園前、入学前などにわかっていたら、クラス編成などで考慮してもらえる可能性もありますし、支援員の配備もスムーズです。

一方で、先生が勇気を振り絞り「お子さんにはこういうところがあるようでして……」とお知らせしても、「自宅では問題なくできているんですが……」と受け入れ難く感じる保護者が少なくないのも事実。

もし、家庭と学校での様子にギャップがあるのだとしたら、そこになんらかの原因があると考えてみてはいかがでしょう。たとえば、学校では気が散っちゃうとかね。この点を探らずして、先生のおっしゃることを却下するのは本当にもったいない話です。

そこにＡＤＨＤか、学習障害か、などの診断は関係ありません。学校という場所で自分の子どもが何かしらの苦労をしているらしい、その事実をまずは受け止める。

問題に目をつぶり、「よく頑張ってますよぉ～」で片づける先生よりも、耳に痛いことでも教えてくれる先生のほうがありがたいと、私個人は考えています。

真摯に耳を傾け、支援に生かしていきたいですね。

21

通常学級にいることが〝正解〟なのか

「特別支援学級判定が出たけれど、どうしても通常学級で過ごさせたい」

その気持ち、わからないことはありません。いや、わかります。

発達検査をしたらボーダーライン。でも園でもなんとかやってこられたし、学校も通常学級でいけるんじゃないか。子どもだってこれからもっともっと伸びるはず。

このテーマはいろいろなところでよく議論されていますし、保護者の方それぞれの考えもあるかと思いますので、今さら私が言うことではないのかもしれませんが、判断の観点は結局、「子どもにとって最適な環境はどこか」に尽きると思います。

これまでたくさんの子どもを見てきた専門家が「特別支援学級がいいのでは？」と言うのなら、そのアドバイスは大切にしましょう。学校生活は、保育園や幼稚園での生活とは全く違います。園生活がうまくいっていたからといって、小学校もそのままいけるという保証は全くありません。

わずかな希望をつないで、保護者の判断で通常学級に入れて、子ども本人に日々大変な思いをさせるようなことは避けたいもの。少人数の特別支援学級で、子どもに合った指導をしてもらったほうがよっぽど本人のためになり、能力も伸ばしてあげられるのではないかと思うわけです。

ほかにも、通常学級に在籍しながら通級による指導を受けるという方法もあります。そちらが望ましいと判断されれば、そのパターンの提示もあることでしょう。

最もやってはいけないのが、保護者が、世間体が悪いなどの理由で進路を決めてしまうこと。そして、ほかの似たような（と保護者が考える）お子さんの事例を聞いて、あの子が大丈夫だったんだからうちの子だって通常学級で大丈夫、と判断することです。

ご存知のとおり、子どもは1人ひとり全く違います。

ほかのお子さんの事例は、あくまでも参考程度。自分の子どもとは別と考えましょう。

いろいろと不安なことも多いと思いますので、まずは特別支援学級や通級指導教室を見学に行ってみましょう。先生と話をしてみましょう。私も行きました。

実際に見ることで、「ここ、いいかも」と感じられるかもしれませんよ。

Column 2

金銭感覚の養い方

「一度“欲しい！”と思ったら、もう我慢できなくて……」と、ついつい財布の中身を考えずにいろいろと買ってしまう。誰にでも一度や二度はそんな経験、ありますよね。欲しいものを手に入れるのはやっぱり楽しいし、ストレス発散にもなります。

ただし、これも程度の問題で、カードの限度額いっぱいまで買ってしまったり、買い物のしすぎで日々の生活が成り立たなくなってしまっているレベルであれば、やはりなんとかしなくてはなりません。

一概にはいえないとは思いますが、衝動性が高い傾向にある方の中には買い物欲のコントロールが難しい方もいらっしゃるようです。

そして、全員が全員というわけではないでしょうがやはり、ＡＤＨＤの診断がついている子どもの将来を考えた時、お金の使い方で苦労するようなことにはなってほしくないなぁと思うわけです。

そんなわけで、欲しい、買いたい、と思う気持ちのコントロール方法は、子どものころから意識して身につけられるようにしてあげたいと思っています。

といっても何か特別なことをしているわけではありません。

今、いくら使えるお金があるのかわかるように、お小遣い帳は必ずつける（つけたら保護者に見せてハンコを押してもらいます）。欲しいものは、持っているお金の範囲内で買う。大人が日々家計簿をつけて管理しているのと同じやり方です。

一つ工夫していることがあるとすれば、お小遣いは労働で稼ぐ、としているところでしょうか。洗濯物をたたんだら10円、自分の携帯電話を充電したら10円というように仕事の対価として“お給料”をもらい、それが自分のお金になるという仕組みです。「お手伝い」なのか「仕事」なのか、判断がビミョーなところではありますが（笑）。

小さなことですが、大人になった時に同じルールでやれるように、と思ってコツコツ続けています。

第3章

療育の効果を追求する

22

療育の効果が出るのはいつ？

療育を受けて何か変わったんだろうか。そんな疑問をもって担当の先生に聞いても「すぐに効果が出て変わるというものでもないので……」と言われてしまう。わかっちゃいるけど、なんだかがっくりきてしまいますよね。

「じゃ、いつになったら効果が出るんだろう」
「それは本人の自然な成長のスピードを、ちゃんと上回るものなんだろうか」
「今、困っている状態は、もうしばらく、このままどうにもならないんだろうか」
「そんなの耐えられそうにないわ……」

私がそう感じるまでに、それほど時間はかかりませんでした。
このままではどうも納得がいかない、ということで、我が家では結局、週に1回、民間の療育機関にお世話になることに。

結果、ずっと悩んできた子どもの他害行動を止めることに要したのは、療育開始からわずか1か月。今まで私はどれだけ無駄な説教を子どもにしてきたのかと、当時はがくぜんとしたものです。

専門家の深慮まで素人の私では理解できていないと思うので、詳細な方法については割愛しますが、療育の様子を見たり、アドバイスをいただいて、実際に子どもと接したりした結果、当たるやり方と当たらないやり方があることだけはわかりました。

それは言葉かけの方法であったり、ちょっとした小物を使って動機づけする方法であったり、タイムマネジメントであったりいろいろなのですが、子どもが短い間で変わって行く方法と、いくらやってもちっとも行動が変わらない方法が実際にあるのです。必ずしも、時間が必要なわけではないということを、実感しました。

効果のない方法を続けて貴重な時間を無駄にすることがあってはいけません。

「時間がかかるもので……」という言葉はうのみにせず、ほかのテはないのかと、リクエストしてみるのがおすすめです。

23

療育には優先順位づけが必要

話すのが苦手だったり、
偏食がひどかったり、
気が散ることが多くて何かと時間がかかってしまったり、
細かい作業が苦手だったり、
友だちとのコミュニケーションがうまくいかなかったり、

子どもが抱える困難はこれ一つ、というわけではなく、複数である場合がほとんどだと思います。

グループでの療育では、療育内容のリクエストは難しいかもしれませんが、もし個別で療育を受けられる機会があるのであれば、今、何を一番に療育のターゲットにすべきかをしっかりと話し合って、納得したうえで進めるようにしてみてはいかがでしょう。

療育内容は、保護者にとって、実はブラックボックス。簡単な説明はあるけれど、なぜ今日がそのメニューなのか、何ができるようになることが目標で、療育効果の測定はどうやって行うのか、なんていうことがあいまいなままだったりするのです。

これではせっかくの療育の機会がもったいない。内容についてはあらかじめ保護者が理解し、同意したうえで進めていけるのが理想です。

一般的には、ほかの人にケガをさせてしまうかもしれない行動を、最優先のターゲットにするのがよいと思います。最もシリアスですしね。

そのような行動がない場合には、本人が生活していくうえで、不利益を被る可能性が高いもの、または困る頻度が高いものから順に考えてみてはいかがでしょう。

今、一番困っているのが順番を守れないことなのに、療育では手先を動かす練習しかしていないようだ、なんてことになっては大変。

療育を受けるまでの待ち時間も長く、受けられるだけでつい満足してしまいがちですが、療育効果が出やすい幼少期はあっという間に過ぎてしまいます。

一歩進んで、療育内容まで保護者が責任をもってウォッチしていきたいものです。

24

「繰り返し言って聞かせてください」の効果は？

「ゆっくり、目を見て、何度でも繰り返して注意するものよ、子どもは」

なんてセリフ、近所のおばちゃんが育児の先輩として言ってくれる分にはよしとします。

でもこのセリフ、療育先で言われちゃったりもするんですよね。

ここで、カシコイ保護者だったら疑問に思うべき。

だって、「何度注意してもダメ」だから困っているんじゃなかったでしたっけ？

それはもしかしたら、

●音声による情報は理解しづらい。
●耳で聞く言葉よりも、そのとき目で見えている何かに注意がいっている。
●ダメなことはわかっているけれど、衝動を抑えきれていない。
●注意されている行動内容に強い「こだわり」がある。

●注意されている行動内容が「感覚刺激」になっている。

などということが原因かもしれないのです。であれば、「繰り返しよく言って聞かせる」だけでは、徒労に終わる可能性が高いということです。

私は専門家ではないのでそれぞれの詳細には言及できませんが、少なくとも右記のどれに当てはまるのかによって、子どもと向き合う方法が変わるということはわかります。「繰り返しよく言って聞かせる」ことは、すでにこれまで日常的に保護者の方がやってきているはず。それを超えるアイディアが出せることが、療育のプロには求められると思うのです。

あなたの療育担当の先生はどうでしょうか？

今後の成長を左右する大事な幼少期を任せる先生です。

無駄な時間を過ごすことにならないよう、「何度もよく言って……」のセリフが出てきたら、要注意。

それが本当に効果的な唯一の方法なのか、突っ込んで聞いてみてもいいと思います。

療育の最大の障壁は家族？

私の周囲にもいます。

ご主人が「ウチの子は〝普通〟だ！」と言い張って療育へ行くのを認めないとか、自分の両親や義理の両親が、世間体を気にしてものすごく嫌がるとか。

残念ながら、療育の最大の障壁は身近な家族である場合が多いものです。

それゆえ、せっかく「もしかしたら……」と専門家に気づいてもらえたのに、療育を受けられずにそのままになっているケース、珍しくないのではないかと思います。

もちろん、私も無縁ではありませんでしたよ。

「子どもをどうしても自閉症にしたいのか」なんて言われたりして。

でも、そんなことでひるんでいては、療育の好機を逸することになります。

誰がなんと言おうとも、気づいたそのときから療育を考えること。

子ども優先で考えるなら、ご家族が発達障害の専門家であるというレアケースを除いて、あなたがその指示に従う必要は全くないはずです。

何も手を打たずに子どもが成長して、問題がさらに大きくなっても、最初に反対した人たちはおそらく味方にはなってくれないでしょう。育て方が悪い、と引き続きあなたのせいにするだけです。

なかには、家族や親戚の中に同じような特徴をもった方がいて、余計に「子どもなんてそんなもの」という認識が強固になっているケースもあるかもしれません。この子は実は……なんて話をすると、まるで自分のことを言われているような気がして余計に受け入れ難く感じるということもあるようです（実はこのパターンが多いような気がします）。

それでも、運よく自分の子どもは支援の機会に恵まれたのだから、ラッキーと思って療育へ行っちゃいましょう。

とはいえ、家族や親戚との余計な争いもストレスになりますから、この際、正攻法じゃなくてもオーケー。親子サークルとか言って出かけるのも一つの方法です。

とにかく、療育をあきらめないでくださいね。

26

親は先生になるべきではない……けれど

保護者は保護者、療育の先生は先生。そうやってきれいに分けられるのが理想です。子どもが無心で甘えられる保護者という存在は、絶対に必要です。

一方で、療育機関が不足している昨今、療育の機会がなかなか得られない、近くに専門家がいない場合などに、子どもに対してなんの働きかけもできないまま時間だけが過ぎていく、というのは困った話です。

この場合は覚悟を決めて、保護者が療育の先生役もやることをおすすめします。そのためのツールもあるし、保護者のための組織だってちゃんとある。やってできないことはないのです。

一方で、療育の場が確保できていたとして、保護者が何もしなくてよいかというと、そういうわけでもありません。療育なんて多くても週に1回、自治体によっては月に1回などという場合もあります。微々たる回数、かつ1回2時間程度の療育を受けたところで子どもが変わるかというと、そんな甘いものではないと思うのです。日々長い時間を過ごすのは家庭や園・学校。この時間をうまく使わない手はありません。

おすすめなのが保護者によるプチ療育です。

たとえば、人を傷つける種類の言葉を（〝ちくちく言葉〟などと呼ばれる）使ってはいけない言葉として療育で習ってきたら、「今のは〝ちくちく言葉〟だよね？」と日常生活でも子どもに指摘する。

このようなことは毎日積み重ねるからこそ、定着するというものです。

そのほか、指示の出し方を否定形から肯定形に変えていくのも子どもが行動しやすくなるコツです。たとえば「走らないで！」は「手をつないで歩こう」に変換です。

もちろん、療育の先生には、日常での声かけの仕方や対処法などをあらかじめ習っておくことが必要なので、そこは保護者も横着しませんよう。

保護者は決して先生ではないけれど、先生になる必要がある時はがんばってみる。

療育を受けて一週間たったら元の木阿弥、なんてことにならないように、子どもの毎日を支えるのは保護者の大切な仕事です。

27

民間の療育機関の選び方

選べるほどの多くの機関が存在しているのは大都市圏に限られてしまうとは思いますが、少しずつ増えてきているので、触れておきたいと思います。

まず、なぜ民間の療育がその子どもに必要なのかを考えること。

公的な療育が充実していてレベルも高いのであれば、そちらとしっかり話し合って進めていけば大丈夫なはずです。むしろ、あちこちに手を出すと療育の指針も違ったりするので、子どもが混乱してしまうという逆効果が。

民間の療育期間は、公的療育では不十分だと感じた段階で、腰を据えて探しましょう。

選択の際のチェックポイントは、以下ではないかと思います。

●療育の内容は本人の困難に合った適切なものか

⇒SST（ソーシャルスキルトレーニング）、作業療法（OT）、ビジョントレーニング、

音楽療法など

●採用されている療育理論が明確な場合、それは保護者の考えと合致しているか

⇓ABA、RDIプログラム、TEACCHプログラムなど

●通えるエリアにあるのか

⇓小さな子どもを連れて移動するので、移動手段と所要時間を考慮

●予算の範囲内か

⇓続けるためには、無理なく払える金額の範囲内であることが必要

そして最も大切なのが「療育の質」。民間の療育はタダではないのですから、料金に見合ったハイレベルな内容を求めてしかるべきです。良心的なところはだいたい最初に一度だけ無料で体験をさせてくれますので、申し込んでみましょう。ホームページなどをチェックするよりも、実際に様子を見たほうが療育のレベルは断然よくわかります。

公的な療育とは違って、民間の療育はこちらが「選ぶ」もの。

よい出会いがあるといいですね。

28

療育を受けるコツ

もし、すばらしい療育施設に出会えたのなら、その活用も存分にしたいところです。ぜひおすすめしたいのは、子どもの行動の記録を取って、毎回持参するようにすることです。

療育に行けても週に1回程度という場合が多いと思いますので、その1週間の間にどんなことが起こったのかを、メモして報告できるようにしておきます。

療育前に報告の時間があれば、先生がその日のプログラムに生かしてくださるかもしれませんし、療育後であっても毎回の報告で蓄積された情報があってこそ、その子に合った療育を実現できるというものです。

また、療育が終わったあとは、保護者も宿題をもらって帰るのが理想的。たとえば、メモをもとに報告をした内容について、「それはこういう対応をしたほうがいい」というアドバイスをもらうなどです。もちろん、家庭で実行します。

それがどうもうまくいかないようだったら、もちろんまた報告。遠慮は不要です。別のテを教えてもらってまた持ち帰りましょう。

療育は先生と子どもと保護者のキャッチボール。投げっぱなしはいけません。

忘れてはいけないのは、子どものできていないことばかりを報告しないこと。

先生のアドバイスでできるようになったこと、定着してきたことも、ちゃんと報告をしましょう。それもまた、適切な療育のための重要な情報です。

もう一つ、療育にはオマケがあります。

それは同じ悩みをもつ保護者の方に出会えること。特に民間の療育機関で出会う方々とは、療育に対する考え方が似ている場合が多いので、話も弾みますし、密度の高い情報交換もできます。

無理して療育ママ友をつくる必要はありませんが、療育の待ち時間などに気軽に話しかけてみてもいいかもしれませんよ。そうやって知り合った友人が、今の私を支えてくれています。

Column 3

トンデモ療法に気をつけろ

世の中には「自閉症が治る」とか「アスペルガーが治る」などとうたっている“治療法”がたくさんあるようです。

「このサプリメントを飲んだら治る」などというソフトなものから「手術すれば…」という大胆なもの、さらには「解毒すると…」、「カルマが…」といったものまでバラエティに富んだラインナップです。

そのほか、「母親の愛情不足」を原因とした「育て方入門系」の“治療法”もいまだに残っています。

このような内容のホームページや広告を目にするたびに、“すがる思いの保護者になんてことを！”と私は憤りを感じます。しかも、どれもたいへん高額な出費を要求します。

だいたい「発達障害が治る」という表記が使われている時点で“？”です。発達障害を「治療する」や「軽減する」も同様です。

“二次障害を治療”や“困難を軽減”ならわかりますが、発達障害を治療対象の病気のごとく扱っている時点で、冷静な保護者の方なら疑問に思うことでしょう。

もし迷うようなことがあったら、必ず“発達障害の専門医”におうかがいを立てること。というのも、専門医ではないお医者さんが、自身の信念を頼りに“治療”しているケースもあるようですので……。

このようなあやしい話は、今後も決してなくならないでしょうし、「発達障害」という言葉が世間に広まるにつれて、むしろ増えていくと思われます。

子どもは治療法も療育法も選べません。

大切な子どもをワケのわからない療法の犠牲にすることがないよう、まずは、保護者がしっかりと見極められる賢さをもたなければと思っています。

第4章

発達障害の診断をどう考えるか

29

ラクになるなら診断は早めに

我が家の場合、子どもが発達障害の診断を受けたのは4歳のころでした。

最初にお医者さんにそう言われた時に、正直、ほっとしたのを覚えています。

なぜって……

「こんなにとんでもないことばかりをやらかすのを全部、私の育て方のせいにされたらたまったもんじゃない！」

と常日ごろから思っていたからです（笑）。

1歳代から、この子はちょっとヘンだぞ……と思い始め、周囲からは、子どもなんてそんなもの、とか、大きくなったら落ち着くはず、などと言われ続け、乳幼児健診はすべてスルーされ、困って自分から志願して行った行政の療育機関の方にも「お母さんの気にし過ぎでは？」と言われる始末。

子育てを楽とは思っていなかったけど、さすがにこんなにしんどいはずはない、と思い続けた日々はもう「忍耐」以外の何ものでもありませんでした。

そんな時に、発達障害の診断。

「ほーら、私の言ったとおりだったでしょっ！」と、これまでにかかわりがあった全員に告げまわりたい気分になりました。やりませんでしたけどね。

それに子どものことをもっともっと知りたいと思っていた私に、診断名はすばらしい手がかりをくれました。読むべき本、子どもに受けさせるべき療育、保護者として知っておくべき知識。これでやっと子どもと同じ方向を向いて歩いていけると思いました。

結果として、早いうちに本格的な療育へのスタートを切れたので、今思い返しても本当によかったと思っています。

診断を受け入れることに抵抗がある人も少なくないと思います。でも、保護者に「あなたのせいではないんですよ」と教えてくれるのもまた診断です。

逆にいつまでも受け入れることができず、子どもの困難を放置、または不適切な形で対応していたら、あとになって問題が大きくなってしまうことも。

私には、発達障害の診断が救いでした。

30 わざわざ〝発達障害〟にしなくても、という声

私個人は子どもが発達障害の診断を得ることに何のちゅうちょも、デメリットも感じませんでしたが、世の中、大方の意見はちょっと違うようです。

「昔からちょっと変わっている子はいた」「分け隔てなく通常学級に通っていた」「わざわざ〝発達障害〟にしなくても」など、診断名をつけることに否定的な方が多くいらっしゃいます。

確かに、昔からクラスに1人や2人のちょっぴり変わった子はいました。

でもその子たちがその後、どのように大人になっていったか知っていますか？うまく学生生活を乗り切って、社会人になって自立して、家族もできて仲よくやっているでしょうか？　もし、前述のような発言をする方が、〝クラスのちょっと変わった子〟の安泰なその後も知っていて言っているならよしとします。

でもほとんどの場合、そこまではわからないですよね。

・一流大学を出たのに、就職先での人間関係がうまくいかず仕事が続かない人。
・相手を思いどおりにコントロールしたい欲求を止められず、DVを振るう人。
・興味が次々に移ってしまって、なかなか片づけられない人。
・先の見通しを立てるのが苦手で、いつも約束の時間に遅刻する人。

全員とはいわないまでも、子どもの時に困っていた人の中には、大人になっても困り続けている人が多いのではないでしょうか。

片づけが苦手なら物をしまうべき場所にラベルを貼ってみる、タイマーで作業時間を区切りながらやる、などちょっとした工夫をすることで作業がしやすくなります。

ソーシャルスキルのトレーニングを受けて、感情をコントロールする方法を学ぶこともできます。「自分には生来苦手なことがある」とわかっていたら、それをカバーする方法を学ぶための時間を、人生の中で確保してこられたのではないかと思うのです。

そして、大人になってから診断を受けた人の中には「子どものころにわかっていたら」と口にされる方も少なくありません。

私たちは自分の子どもが、将来そう思うことがないようにしていきたいものです。

31

発達障害の専門医にかかる必要はある？

発達障害の診断ができる専門医の数は限られています。ゆえに「もしかしたら？」と思って専門医の診察を受けようにも、そう簡単には予約が取れないというのが実情。新患の予約をストップしているところも多いですし、予約が取れても実際に診てもらえるのは何か月も先。療育は行っているし、別にいいか……と思う保護者の方がいても無理はありませんよね。

では、長い時間待ってでも、専門医に診てもらう必要性はあるのでしょうか？

私が思うところのメリットは以下です。

・診断がつく場合、その名称を教えてもらえる。
・診断書が必要な時に発行をお願いできる。
・各種発達検査を正確に行ってもらえる。
・各種発達検査の最新版を受けることができる（病院によりますが）。

・本人告知を医師と協力して配慮しながら行うことができる。
・投薬治療が必要な時に行ってもらえる。
・発達障害に付随する各種症状も精神医学の観点から広く診てもらえる。
・気になる療育理論がいかがわしいものかどうか、判断してもらえる。
・子ども本人が相談できる人が増える。
・診断名があれば、将来の大学受験時に配慮を受けることができる場合がある。

我が家の担当医の先生は、「困ったことがあったら、お母さんでもいいし、学校の先生でもいいし、僕に話してくれてもいいんだよ」と、子どもに機会があるごとに話しかけてくれています。

思春期になって、本人が病院へ行くのをしぶるようなことが起こる前に、定期的に通うのが当たり前、という状態にまでもっていけるのが理想ではないかと思っているところです。

ネットで「発達障害診療医師名簿」で検索すると、全国の発達障害の診断が可能なお医者さんのリストが見つかります(日本小児神経学会作成)。チェックしてみてください。

32

診断名と療育はセットではない

発達障害を語る際に、よく〝グレーゾーン〟という言葉が登場します。

専門医が診断するにあたっての基準には合致しないものの、なんらかの困難は抱えているというケースを表すのによく使われています。

そもそも発達障害という概念自体が、夕暮れの空のようなものだと聞きました。どこまでが昼でどこからが夜なのか、線を引くのは難しい。発達障害の子どもはそのグラデーションがやや濃くなっているあたりに点在しているのでしょう。

診断はその中に便宜上、線を引いただけ。その線が、子どもの困難の〝ある・なし〟をスパッと分けているということではないのです。

診断はされなくても、線の近くにいたり、ある一部分の特徴だけが線の向こう側にあったりする子どもは少なくないと思います。

このような子どもたちの保護者の中には、診断はつかなかったんだから、療育なんてする必要ない、という考えの方もいます。診断名を告げられたらアウト、つかなかったからセーフという考え方です。

非常にもったいなく、また、その子どものためにも残念なことです。

診断名の有無にとらわれ過ぎると、結果的に子どもが抱えている困難に目をつぶってしまうことになりかねません。子どもがうまくできずに困っていることや、トラブルのもとになってしまっている行動があるなら、なんらかの手を打つ必要があります。これは、発達障害といわれようがいわれまいが一緒です。

発達障害の診断と療育は決してセットではないのです。

実際に私の周りには、診断名はついていませんが、療育やソーシャルスキルトレーニングに一生懸命な保護者の方がたくさんいます。よく勉強もされています。

子どもが困っているなら、必要な支援をちゃんと受けられるようにする。

それが保護者の役割だと思っています。

33

どうする？　本人告知

この本を書いている時点で、我が家ではまだ本人に診断名の告知を行っていません。将来的には行う方向で考えてはいますが、まだその時期ではないという判断です。

ですから、いろいろと悩み、考えている立場としてお話をしていきたいと思います。

そもそも、本人告知をしたほうがいいのかどうかでいうと、私はやはりしたほうがいいんじゃないかと思っています。

学習面や人間関係でうまくいかないことがあった時、自分の努力不足だけがその原因だと思ってほしくないからです。みんなとはやり方が違うかもしれないけど、少しの工夫でうまくいくことがたくさんあることも、あらためて知ってほしい。

そして、これまで漠然と感じてきたであろう、自分が得意だと思っていたことに、確かな自信もつけてあげたいのです。

その理解を助けるのが、診断名ではないかと思っています。

また、いつまでも親が先回りして、「うちの子はアスペルガー症候群で……」などとお知らせして回るわけにはいきません。遅くても大学生になるころには、自分で周囲に働きかけて、必要な時に自ら配慮をお願いできるのが理想です。

ちなみに、告知に適切な時期は「人によって違う」と思っています。

思春期の前が一つの基準という話も聞きますが、必ずそうでなければならないというものでもないでしょう。大切なのは、本人が告知を理解でき、受け入れられるコンディションであるかどうかだと思います。

いろいろとうまくいかないことが重なって、自分に自信がもてないでいるときはたぶんダメ。診断名はただひたすら憎むべきものとなってしまうかもしれません。

告知は、凹凸がある自分も悪くない、と思うことができている時にするのが理想。本人にも、この自分でやっていくんだ、という力強い覚悟が必要になると思うからです。

これは、支える保護者にも同じように必要なこと。

まずは、私たちが、発達障害を肯定的に捉え、子どもを信じて支える強さをもちたいものです。

34

告知の前にしておくこと

本人と保護者ともに、準備ができたと思えたら、ある日突然に告知をしてもいいものなのでしょうか。

私はできるだけスモールステップで、と考えています。

告知の前に少しずつでも自分というものを客観視することができていたら、本人の受容もスムーズではないかと思っているからです。

たとえば、さっき言ったことをすぐに忘れてしまっている様子の時は「忘れやすい自分」を知るチャンスと考える。子どもによっては、傷つけまいと回りくどい言い方をするとかえってわかりづらいので、はっきりと、かつ明るく「覚えておくの、大変だよね」と言語化してあげるくらいでちょうどいいようです。

そのうえで、保護者もいつもと変わらない態度で横で買い物メモなんかを作ったりして、「お母さんもねー、よく忘れちゃうから、明日、買わなきゃいけないものをメモしておくの。これで忘れないでしょ?」などと、フォローの方法をお手本として提示しておきます。

「忘れちゃうの、困ったね」で終わらないようにしておくのがミソ。

我が家では、最近子どものほうから「(国語の問題を解きつつ) 気持ちとか、文に書いていないことはわかんないんだよね」とか、「空気読めないんだよねぇ……」という発言が飛び出すなど、だいぶ自己理解が進んできております (笑)。

もちろん、得意なことも同じように扱います。

テストの点数が算数だけいつも高得点なら、それを指摘して、「すごいね、算数は得意なんだね」と言語化してあげます。

一歩進んで理由を考えてみたら、たとえば、「答えが一つに決まっているものが好き」ということが、本人と共有できるかもしれません。そうすれば、化学も得意かも、暗記ものもイケるかも、という自信がつくかもしれませんね。

障害名を伝えるのは最後の最後。

それまでに、時間をかけて子どもの自分研究のサポートをしていきましょう。

35

「こうなりたい」を一緒に探す

「自分にはこんなところがある」を本人が理解していく過程で、一緒に考えていきたいのが、「こうなりたい」という目標づくりです。

たとえば、いつもすぐに怒ってしまう子どもがいるとします。

そのことが原因のトラブルも、ずいぶんと多かったことでしょう。

いやな思いもたくさんしてきたと思います。

そこから「すぐに怒らない自分になりたい」と思えるところまでいくのは、けっこう大変なことではないかと思うのです。「変える必要がある自分」を認めるのは発達障害の有無にかかわらず勇気がいることですしね。

でも、ここでその認識をもたなければ、トラブルの原因を一生、他人や周辺環境のせいにして生きていってしまうかもしれません。

それに、目標ができるということは、本人の中に、療育へ通う動機や薬を飲む理由が生まれるということです。

幼いころは、よくわからないままに保護者に手を引かれて連れていかれた療育が、自分の生活をよりよくするために、行く必要があるものに変わってきます。

薬も飲ませられるものではなく、飲むべきものになります。

目標実現のための日常のちょっとした工夫についても、実践しやすいものを本人と話し合って決めることができるようになってきます。

・イライラしてきたら、深呼吸を3回してみる
・苦手な科目は、休憩を取りながら少しずつ勉強するのがいいかもしれない
・調子がよくない時は、思い切って学校を休むのもいいかも

など、自分もかかわってアイディアを出すことで、将来、自分自身で生活を工夫していく練習にもなることでしょう。

毎日の生活をうまくやっていきたいと最も強く思っているのは、本人のはずです。

その気持ちにフォーカスして、いい方向にナビゲートしてあげられたらいいですね。

Column 4

服薬について

我が家では小学1年生の2学期後半から、服薬を開始しました。これは、本人と相談のうえ、決めたことです。

今まで、ソーシャルスキルトレーニングを一生懸命頑張ってきました。お友だちをたたくことも、ズルをすることもほとんどなくなり、一番じゃなくても、負けてもぐっと我慢できるようになりました。

でも、小学校に入ってからは、どうしても気が散ってしまって目の前の作業に集中できないことが増えてきました。

授業中の作業も、周囲の友だちが気になってしまい、なかなか終わらない。帰りの支度も時間がかかります。

目の前のことに集中できず、何をやってもいつも最後になってしまうことを、一番悲しくつらく思っているのは、子ども本人でした。「集中できない」と、自分でも言うようになってきました。

そして、はかどらない漢字練習ノートの片隅に「ばか」と自分で書いていたのを目にした時、もうこれ以上、このままの状態で頑張らせるわけにはいかない、と思ったのです。

ある日、「集中したい時に、集中しやすいように、助けてくれるお薬があるよ。飲んでみたい？」と聞いてみたら、「飲んでみたい」という返事。お医者さんと相談して、服薬を開始しました。

今まで、風邪をひいた時などでも、決して飲もうとしなかった苦手なカプセルの薬を一生懸命飲んでいる姿を見て、この子は今までどれだけ大変な思いをしてきたのかと、胸が痛くなりました。

私も正直なところ、お薬だけはちょっと……と思ってきました。でも、そう思うのは親の単なるエゴかもしれないと、苦しむ子どもを見ていて思い始めた次第です。

しばらくの間は、お薬の力も借りながら、子どもの頑張る気持ちをあと押ししてあげたいと思っています。

第5章

子どもへのかかわり方

36

同じことで叱った時に保護者がやること

「何回言ったらわかるのー!!」と子どもに怒ったあとで、保護者がすべきは、まず反省。同じことで何回も子どもを叱るハメになっているのは、自分の工夫が足りないせいだと思うようにします。そんな聖人君子のような心持ちになるのは、正直なところなかなか難しいのですが、そのほうが保護者も子どもも絶対ラク。

たとえば、我が家では、玄関のドアの内側にホワイトボードが貼り付けてあります。絶対、飲まなければならない薬を飲み忘れることがないように、そこには「おくすりのんだ?」の文字が。「はい」と「いいえ」もあらかじめ書いてあって、飲んだ場合は「はい」のところに用意してある磁石を移動させます。これで、頻繁にあった出かける前の薬の飲み忘れはなくなりました。

トークン作戦もよく使います。これはよくあるポイントカードのようなもの。目標を決めて、できたらハンコやシールを貼っていきます。10ポイントたまったらお菓子と交換などの楽しみを用意しておくというベタな手法ですが、自発的にやってくれるようになるので、その分、叱ったり催促したりする必要がなくなります。目標としている行動が定着するまでは、活用を続けることをおすすめします。

先生への提出物を出し忘れることが多かったら、連絡帳に付せんで「○○を出す!」と書いて貼っておく。片づけが苦手なら、収納場所に「ほん」「おもちゃ」などのラベルを貼っておく。いろいろと工夫の余地はあるものです。

私が基準にしているのは、「3回ルール」です。

3回同じことで叱ったら、それは環境設定や、本人への意識づけの方法が間違っていて効いていない、ということだと考える。できないことの中には、本人の努力だけではどうしようもないことだって含まれていますしね。

何度言ってもダメだとイライラするのは、保護者の精神衛生にもよくありません。

立ち止まって、叱らないで済む方法を考えてみましょう。

37

「いつか治る」と思って叱ってもダメ

この境地に達するには少々時間がかかりますが、やはり「治る」ことはないのです。病気ではないので。もし、成長につれて「治った」ように見えるのであれば、それは、

●環境調整を自分でできるようになってきた
●苦手な部分をスキルで補うことができるようになってきた
●感情コントロールの方法を身に付けた

などということなのだと思います。

たとえば、人がたくさんいてざわざわしているところが苦手な人は、通勤電車では必ずイヤホンで音楽を聴いて、外界の音を遮断するようにしていたり。

聞いたり考えたりしたことをすぐに忘れてしまいがちな人は、とにかくなんでもメモに残したり、やりとりは電話ではなくメールでするようにしていたり。

イライラしてしまいそうになったら、一度、席をはずすようにしていたり。こうすれば大丈夫、という技を、必要に迫られて身に付けてきた人が「治った」ように見える人なのではないかと思います。

ですから、子どもの周囲にいる大人は「治そう」とは決して思わないことです。「治す」のではなく、その子なりの社会への適応方法を考える。そのプロセスは人それぞれでいいのです。

そしてもう一つ身に付けておきたいのが、「助けを求めるスキル」。上手な工夫が見つからない時、1人では解決できない時は、ほかの人の助けを借りることも必要です。簡単なことのように思われるかもしれませんが、困っている心理状態の時に、ほかの人に自分の状況を伝えて支援をお願いする、というのは、意外に高度なスキルです。たとえば、「よくわからなかったのでもう1回ゆっくり言ってください」「忘れたので貸してください」などは、パターンとして覚えておいたほうがいいかもしれませんね。生来、苦手なことも、補える方法や、助けを求めるやり方がわかっていたら問題なし。保護者がすべきは「治す」ことではなく、これらを身に付ける手助けだと思います。

38

「そのままの君でいいよ」は正解なのか

子どもの困難を日々目の当たりにすると、なんとかしてあげたい、と思うもの。

ここでよく議論になるのが、「本人はそのままで、周囲のほうが本人のために接し方や環境を整える」のがいいのか、それとも「本人の努力で環境に適応できるようにしていく」のがいいのか、という点。

個人的にはどっちもアリだと思っています。「発達障害なんだからしょうがないじゃない」と思う部分もあれば、「ちょっと準備不足だったわ……」と反省することもあり。困難の状況や内容によって使い分けている感じです。

たとえば、対人コミュニケーションの部分については、「発達障害があって相手の気持ちを推し量るのが苦手です」と説明して、相手に理解を求めるのも一案です。ちょっと失礼なこと聞いちゃうかもしれないけど、ごめんね、という感じで。

ただ、当人の発言内容によって相手が傷つくようなことがあってはいけないと思うのです。そうならないよう、「こういう言葉は相手に言っちゃダメ」というルールを、療育などの場でパターン化して覚えておくなどの努力は、やはり必要です。

また、行動に問題があって、一緒にいる相手にケガをさせる恐れがある場合などは、「そのままでいいよ」は当然なしです。なんとしてでも、他害を止める。止められない間は、保護者および第三者がサポートをする、といったアクションが必要です。

耳で聞かせるよりも、見せたほうが情報が伝わりやすい「視覚優位」のお子さんなら、重要なことは書いて見せたほうが効率がいいでしょう。でも、耳からの情報をキャッチする練習もしておくに越したことはありません。日常生活には音声だけで提供される情報も少なくないですもんね。

療育や日々のトレーニングでできることは努力する。

でもどうしてもダメなことは、周囲へ協力をお願いする。

そのバランスをうまく保っていけたらと思っています。

39

感覚過敏を理解する

発達障害のある子どもには、感覚の過敏があることが多いようです。これが意外に理解されづらいようで、子ども本人も自覚なく苦しんでいることは珍しくありません。

たとえば、視覚過敏の場合なら、太陽や蛍光灯の光をかなりまぶしく感じたり、はっきりとした色づかいを〝目に痛く〟感じたりするようです。部屋の中でもサングラスをかけたり、パソコンや本にフィルターをかけたりする対策が有効なようですね。

聴覚過敏の場合は、ほかの人が意識していない音まで聞こえてしまったり、特定の音に不快感を覚えたりするようです。耳せんやノイズキャンセリング機能が付いたヘッドホンが手放せないという声も聞きます。

味覚過敏には、我が家でも大変な思いをしました。同じメーカーの同じ種類の納豆を買ってきても、どうやら大豆のコンディションが微妙に違ったようで、味が違う！　と大騒ぎになったりしましたので……。

触覚は1章でも触れました。肌に触れるものに対してとても敏感です。某メーカーの温かい肌着などもちくちくして着られないんだとか。シャワーすら痛く感じる方もいるようですね。

嗅覚過敏も大変です。どうしてもダメな臭いがあるようで、我が家では、食卓のお皿に辛子が1センチ程度のっていただけで、ダメだったこともありました。

そのほかにも、バランスなどに関係する前庭覚や関節や筋肉にかかわる固有覚、痛みや空腹・満腹感などに関係する内臓覚などがあるそうです。また、反対に感覚への刺激を捉えづらい「感覚鈍麻」であるケースもあります。いずれについてもどれか一つの感覚に対しての問題ではなく、複数の感覚に及んでいる場合が多いようです。

ちなみに、感覚は生まれた時に一番鋭敏で、年を重ねるにつれて鈍感になっていくのが一般的なんだとか。そういえば、モスキート音が聞こえるのは若い人だけといわれますもんね。そんな鋭敏な感覚をキープし続けているのが感覚過敏のある人たち。

日常生活で大変なことは多いと思いますが、感覚の過敏さを生かせる仕事もあります。配慮は忘れず、一方ではその感覚も才能と考え、大事にしてあげたいものです。

40

いじめられる前提で〝保険〟をかける

物騒な話ですが、現代日本で避けては通れない「いじめ」のお話です。

最近では学校内の対策もずいぶん進んできているようですが、やはりそう簡単にゼロにできるものでもありません。

いじめ自体は、発達障害だろうがそうじゃなかろうが起こる可能性がある問題です。でも異質なものを否定的に捉える傾向があるこの国では、発達障害の子どもがターゲットになる確率は高いと思っておいたほうがいいでしょう。

わざとパニックを起こさせて、あわてている様子を見て笑ったり、うまく言い返せないのをいいことに、ひどい言葉を投げつけたり、もちろん無視だってあります。

ですから、そういうことが起こるという前提で〝保険〟をかけておくのが賢明です。

〝保険〟といっても大げさなものではありません。

常日ごろから、

●保護者はどんなことがあっても必ず、その子の味方であること
●悲しいこと、イヤなことがあったら、早めに教えてほしいこと
という話をするだけです。

「いじめ」というのは抽象的な概念ですので、「いじめられたら……」というのはあまりピンとこないかもしれません。実際にはいじめられていても、本人がそうであると認識できていないこともあります。

よって、「いつもと違ったことはないか」「失くしたもの、壊れたものがなかったか」など、起こったことを具体的に聞くのがおすすめ。子どもが何も言わなくても、衣類や持ち物はよく見るようにしておいたほうが賢明です。

我が家ではそれに加えて「お母さんは、世界で一番強いんだからね」と言い聞かせてきました。これはもう気合いの問題です（笑）。少なくとも、子どもをいじめる相手には絶対に負けない、いつでも戦える覚悟があると、ことあるごとに言い聞かせています。

もちろん実際コトが起きたときも、ちゃんと立ち向かいますよ。

保護者は、強くありましょう。

41

遊び場は大人の目があるところに

小さいうちはどこへ行くにも親が一緒に出かけますが、小学生になった途端に、子どもたちだけで遊ぶ機会が多くなります。これが実はトラブルのもとに。

まず、約束が危ういのです。

「何時に○○ちゃんと公園で待ち合わせをした！」と本人は言うのですが、それが明日だったり、そもそも約束自体が成立していなかったり。耳での情報キャッチが難しいタイプのお子さんや、思い込みが激しい傾向があるお子さんにとって、子どもだけで決めた約束はなかなか無事に成立しません。結果、用事があるお宅に突然行って迷惑をかけたり、公園で1人待ちぼうけをしたりすることもあります。

よって、傍目《はため》からは過保護に見えるかもしれませんが、低学年のうちは、保護者同士で予定を確認してから遊ぶようにしたほうがよいでしょう。

また、子どもだけで遊ぶのもおすすめできません。

自分の考えを話すのが苦手なタイプのお子さんは、なんらかのトラブルがあった時に、うまく自分で説明ができません。結果、やってもいないことを叱られたりすることも少なくないのです。また、遊びといいながらいじめられていることも。必ず大人の第三者の目があるところで遊ばせましょう。

本来であればその役目は保護者がしたほうがよいのですが、毎回つき合える余裕がない場合もあります。

そんな時は「児童館」を使ってみましょう。必ずスタッフの方がいますし、さまざまな遊びのプログラムもあります。頻繁に行く児童館があれば、事情を話して少し注意して見てもらうようにしてもいいかもしれません。

学童保育などを利用するのもおすすめ。保護者の就労を問わず、一時利用ができる制度がある自治体もあります。余裕があれば、民間の施設を検討してもいいでしょう。

発達障害の子どもにとっては、「遊び方」も学んで身に付けていくものです。

いつまでも大人が、遊び場所へついて行くわけにはいきません。小さいうちに、大人が側にいられるうちに、その手助けをしてあげたいものです。

42

失敗に備える

少々弱気なお題ですが、行事の前などには大切なことです。

誰でも失敗はしたくないですし、失敗することで動揺もすれば、落ち込みもします。でも、発達障害の子どもにとってのそれは、私たちが思うよりもずっとダメージが大きいようです。

園や学校の発表会でちょっと振りつけを間違えた途端に、大パニックになってしまう、けん盤ハーモニカで音を一つ間違えただけで、演奏が止まってしまう。

遊びの場面の鬼ごっこですら、鬼に捕まるのが途方もない失敗のように感じられて拒否してしまう子どももいるようです。

このような子どもに「大丈夫だよ」「みんなも失敗することがあるんだから」と言ったくらいでは心に響かないようで……。だって大丈夫じゃないと思っているし、みんなの失敗と自分の失敗は関係のない話だし、ね。

こんな時は、失敗するかも、ということを前提に対策を立てるのがいいのではないかと思います。具体的には、失敗した時にするアクションを決めておくこと。

たとえば、運動会のかけっこで転ぶかもしれない、という心配があるとします。

万が一、それが現実になった時はどうしたらよいのか、遅くても前日までには話し合っておくのです。

「もし転んだらどうする？」「……」「すぐに立ち上がって走ればそんなに遅くならないよ」「わかった」という感じ。

この問答を当日の朝にも確認して、できれば担任の先生にも競技直前に確認をしてもらってから送り出す。これだけで、転んでも立ち上がって走れる確率がぐんと上がります。もちろん最後まで走れたら、ほめまくることをお忘れなく。

セリフを間違えたらどうする？　振りつけを間違えたら？

緊張しがちな大きな行事の前には失敗した時のイメージトレーニングが必須。

「泣く？」「……泣かない！」などを付け加えてもいいかもしれませんね。

43

苦手のループに陥らせない

苦手なことがない人なんていません。

そして、苦手なことを全部避けて通れる人もいません。

みんなどこかで苦手なことに少しずつ挑戦しながら生きていますよね。

でも苦手なことへの挑戦には、それなりのパワーが必要。精神状態が安定していて、エネルギーも満タンで、そして自分は頑張れるのだと信じることができて初めて、いっちょ頑張ってみますか、と思えるのではないかと思います。

これは発達障害の子どもも同じこと。

「できない」→「落ち込む」→「エネルギーゼロ」→「無理して挑戦」→「できない」のループが延々続くうちに、落ち込み方もどんどん深くなって、最後は「もうやらない」というオチがついてしまう。このループは早いうちに断ち切らなければなりません。

最も望ましいのは、最初の「できない」をなくすこと。

といっても、そのままで挑戦しても結果は同じになってしまうので、目標を細分化します。よくいう「スモールステップ」というものです。

たとえば服のボタンを留める練習なら、自分のではなく簡単な人形の服からスタート。まずはボタンの穴とボタンの位置を合わせられたら◎。次に1枚ずつ左右の生地を両手で持てたらまた◎。とにかく、これならできるところまで作業を細分化。次のステップへ進むときには適切な手助けをしながら。それを少しずつ減らして自分でできるようにします。ＡＢＡ（応用行動分析）などですすめられている手法です。

とにかく成功体験の積み重ねで最終目標の「できた」までもっていく。面倒に聞こえるかもしれませんが、これ、普段、保護者がやっていることでもあるんです。

たとえば、子どもにピーマンを食べさせたいからといって、ざく切りにしたものを単独で出したりはしないですよね。最初は細かく刻んでチャーハンなどに混ぜちゃうのが王道の手段。それと同じです。

できないことには「挑戦のさせ方に問題があるかも」という視点も大切。子どもの「できた」を増やせるよう応援をしていきたいものです。

44

子どもの〝うつ〟を見逃さない

以前は席に着いて授業を受けていたのに、最近はときどき教室を飛び出してしまうらしい、とか。忘れ物が少なくなってきていたはずなのに、また最近増えてきている、とか。今までできていたことが、できなくなっているということ、子どもの成長の過程で一度や二度はあると思います。

ここで保護者がしなければならないのは、その原因をしっかり探ること。繰り返しになりますが、「注意して直そう」とは思わないことです。

療育ですでに身に付いたと思っていたことが、しっかり定着するまでには至っていなかったということもあるでしょうし、学年が上がるにしたがって、授業についていけなくなっていたことが原因、というケースもあるでしょう。

療育でのフォローや、学習支援が有効なこともありますが、もう一つ、視野に入れておいたほうがよさそうなのが〝うつ〟です。

大人の発達障害の方の二次障害としても知られている〝うつ〟。子どもだって例外ではありません。

〝うつ〟と聞くと、元気がないようなイメージがありますが、子どもの場合は〝イライラ〟もそのサインとのこと。代表的な症状についてはインターネット上にも情報がありますので、参考にしてみましょう。過剰な心配は無用ですが、可能性がありそうな場合は専門医を探して速やかに相談をしなければなりません。

その結果が〝うつ〟だったとしても、そうでなかったとしても、大事なのは子どもがそうなった原因を探ることです。

周辺環境での変化はなかったか、いじめなどはないのか、友だちとはうまくいっているのか、先生との関係はどうなのか。子どもの負担にならない範囲で明らかにしていきます。再発防止のためにも、大切なことです。

心身の不調に困っているのは子ども本人です。

叱る前に、どうして？　と思う習慣をつけましょう。

45

親子にも相性がある

縁あって、親子という間柄ではあるけれど、それが必ずしも気が合うということではありません。子どもは親を選べない。親も子どもを選べない。

友だちと違って、仲の良しあしでくっついたり離れたりできない分、親子というのはやっかいな関係です。

これは発達障害のある子どもとその親でも同じことです。

日常生活の一つひとつに親がかかわらなければならないことが多い分、その関係は時にバトルの様相を帯びてきます。

両親がいる場合、そのどちらとも同じくらい相性が悪いということはおそらくないはず。アドバイスも素直に聞き、あまりケンカにならないほうの親というのがいるものです。

であれば、苦手な教科の宿題のチェックなどは、その〝トラブらない親〟のほうが担当しましょう。それが父親で、平日の夜は時間的に難しくても、出勤前に時間をつくるなどして、なんとか頑張ってみてください。

おじいちゃん、おばあちゃんを日常的に頼れる場合は、お願いしてみるのもおすすめ。親よりも責任がない分、対応にも余裕があるので、発達障害に関する知識なんてなくても関係がスムーズなことが多いようです。苦労しがちな夏休みの自由研究は「じいじにおまかせ！」というお宅も少なくないようですよ。

もし、残念ながら相性はあまり良くないけど、毎日のことは母親がせざるを得ない場合は、時間差攻撃でいきましょう。

子どもが宿題をやったら置いておいてもらう。テレビを見ている間、お風呂に入っている間、夜寝ている間など、子どもが宿題から離れている時間に親のほうがチェックして、間違っている個所があったら付せんを貼るなどして、また置いておく。子どもはそれをあとから確認してまたやる、というように。

子どもの目の前でチェックをしていくよりも、ずっとトラブルは減ります。

おためしあれ。

46

習いごとの選び方・続け方

幼少期から習いごとをさせるのが一般的な昨今。子どものためを思って早いうちからスタートさせるのは悪いことではありませんが、選び方を間違えると親も子も大変な思いをすることになります。

お子さんによって違うので一概にはいえませんが、日々の地道な努力が必要な習いごとは、幼少期は避けたほうが無難かもしれません。つまり、練習が必要だったり宿題が出たりするタイプのものです。

食べる、寝る、といった毎日の生活を整えるだけでも苦労が絶えないのに、そのうえ、習いごとの練習も、となったらもう大変。

子どもにやらせるのに保護者も四苦八苦。週に1回の習いごとの日までになんとか帳尻を合わせようとすると、毎日が地獄絵図になること間違いなしです……。

選ぶなら、プールや体操など、行ったその場でやるだけのものが保護者の負担も少なくておすすめ。絵画教室なども絵を描くのが好きなお子さんにはいいですよね。

もちろん、自宅での練習が必要な習いごとでも、喜んでやってくれるならラッキーです。その子に合った先生に巡り会えたのかもしれませんし、もしかしたら才能発見！ということなのかも。ステップアップできるように保護者も見守っていきましょう。

また、習いごとを始める際には、最初に子どもの特性について先生にお知らせしておいたほうがいい、と私個人は感じています。

先生だって、かかわる中ではっきりとはわからなくても〝この子は……？〟と思っていることが多いものです。特性をお伝えすることで、先生も子どものことが理解しやすくなり、結果として叱られることより、頑張る姿勢や小さな進歩をはめてもらえることが増えると思います。

学校へ行くようになれば、いやでも毎日宿題はあります。苦手なことにも向かい合わなければならなくなります。

小さいうちは、習いごとくらいは楽しく、のびのびとやらせてあげたいものです。

47

恐怖の七五三、入園・入学式

のっけからホラーなタイトルで始まってしまいましたが、実際ホラーです……七五三。

女の子の保護者の方の中には「三」はあきらめた、という方も少なくありません。

何か月も前から予約した写真スタジオ。いざ、子どもを連れていくと、着物は着ないわ、メイクも当然無理だわで、撮影どころではありません。

結局、お参りはおろか、写真1枚撮れずに終了です。

もちろん、全員が全員そうなるわけではありませんが、初めて行った場所で、知らない人たちに囲まれ、見たこともないような着物を着せられ、こうこうと照らされたライトの下、1人でにっこり笑って立ちなさい、というほうが無理というものです。

こんなことというと怒られそうですが、女の子は「七」もありますから、無理して「三」を頑張るよりも、「七」で挑戦くらいの気持ちでいたほうがいいかもしれませんね。

一方、男の子は「五」の一発勝負です。

当然、前述のようなパターンは想定されます。

奥の手としては、まず写真は混んでいない夏くらいまでにさっさと撮ってしまうことです。写真スタジオも空いていますから、多少ゴネて時間がかかっても融通がききます。

いっそのこと、夏休みに帰省先で撮っちゃうのもおすすめ。のんびりしたスタジオで、じいじとばあばになだめてもらいながらの撮影なんて、孝行にもなるかも!?

そして、お参りは別日に、着物ではなくちょっとフォーマルくらいの服で行くこと。本人が、それほど抵抗がなさそうな服を選ぶようにします。

もちろん、七五三の当日に近い土日は混み合いますので避けます。今ではどこも10月から11月下旬まで受け付けているようですので、前後にずらして行きましょう。

七五三だけでなく、実は入園式・入学式も鬼門です。制服がある幼稚園の場合、入園式で制服着用断固拒否！　というお子さんも珍しくありません。知人のところは、「別にいいんじゃない？」と言って、思いっきり私服で出席させていました。それも拍手。

周囲が盛り上がるいろいろな行事も、子どもにとってはつらいことが多いもの。

その気持ちを理解して、負担のないように乗り切らせてあげたいですね。

48

「どこかが天才」はひと握り

「うちの子、発達障害で……」と言うと、相手も何か言って励まさなくてはいけないと思うのかもしれません。返ってくる言葉はだいたい一緒です。

「でもほら、何かすごい才能があったりするんじゃない!?」

やっぱり映画やテレビドラマのインパクトってすごいのかしら……。

そう言われたことがあるかどうかはさておき、「発達障害」と言われた瞬間に、もしかして隠れた才能が……と考えるのは決して悪いことではありません。

むしろ、そうやって得意な部分を見つけてあげようとする姿勢は、発達障害の子どもかどうかにかかわらず、すべての保護者にとって大切なことだと思います。

そして実際に、会話は苦手だけれど独創的な絵を描く子ども、幼少期から優れた音楽の才能を示す子ども、とにかく暗記力だけは誰にも負けない子どもなどが存在するのも事実です。ですが、これはあくまでもほんのひと握り。

定型発達の子どもにだって、何かに突出した能力をもつ子とそうでない子がいるように、発達障害のある子どもだっていろいろなのです。

ですから、これといった才能はなさそう……と落ち込む必要は全くなし！

だいたいトンビから鷹はそうそう生まれないわけで、自分の子どもだと思えばそれほどまでに大きな期待をするのもいかがなものかと思うわけで……。

もちろん、それでも期待を捨てないのはいいこと。

子どもはたかだか数年しか人生やってきていないのですから、これからどんな出会いがあって、なんの才能が開花するかは未知数。

思いもかけない得意分野が見つかるかもしれません。

もちろん、それが結果的に天才の域に達しなくてもよしとしましょう。

私たちだって、天才じゃなくてもなんとか人生やってこられたんですから。

Column 5

ケータイ、パソコンは使いよう

まず携帯電話ですが、我が家では小学校入学と同時に本人用を購入しました。ただし、子ども用の携帯電話で本人の操作の自由度はほとんどありません。

保護者と連絡を取る必要が出た時に使えるようにというのが目的の一つですが、もう一つ大変役に立っているのがＧＰＳを用いた位置検索機能です。これは今まで何度使ったことか（笑）。

なかなか帰ってこない子どもが、今いったいどこで道草をしているのか一目瞭然なので、保護者にとっては非常に安心できる機能です。

パソコンやタブレットに関しては、けっこう早くから触らせていました。というのも、将来的に発達障害のある子どもの味方になってくれるツールだと思っているからです。

手先を使った細かい動きが苦手な人が作文をするなら、紙とえんぴつよりも、パソコンに向かってキーボードを打ったり、音声入力したほうがきっとよい文章が書けることでしょう。

ぎっしり行間が詰まった文字が読みづらい人に、辞書で調べることを強要するよりも、ネットで検索したものを拡大表示して読んだほうがよっぽど理解の助けになると思います。

ちなみにiPhoneやiPadにはあらかじめ、いろいろな特性をもったユーザーに向けて、アクセシビリティ機能が搭載されています。見やすく、使いやすく、気が散らないよう、使用環境をアレンジすることができるので、お持ちの方はぜひチェックしてみてください。

いずれも、子どもが小さいうちは保護者の管理下のみでの使用にしていますが、将来的には本人の助けになるはずのツールです。いたずらに遠ざけるのではなく、使い方のルールを少しずつ教えながら、積極的に取り入れていけたらと思っています。

第6章

保護者が子どものためにできること

49

「〝無理解〟があって当たり前」を〝理解〟する

話す相手の顔を見ることができない。

あいさつができない。

人の目を見るのが怖く感じたり、知らない人とコミュニケーションを取る意味が理解できなかったり。発達障害のある子どもにとっては、当たり前とされている世の中の習慣も、とても難易度が高いものになっていることがしばしばあります。

でも、残念ながら世間の評価はおおむね〝しつけがなっていない〟や〝親の愛情不足〟。そんなことないのに、人一倍、一生懸命教えてきたはずなのに、といたたまれない気持ちになっている保護者の方も少なくないことでしょう。夏休みや年末年始に親戚が集まった時などに、ほかのいとこと比較されてつらい、という話もよく聞きます。

では、保護者が周囲の理解を求めて頑張れば、なんとかなるのでしょうか。

私は、その答えはおそらくノーだと思っています。

世の中には「2-6-2の法則」といわれるものがあります。ビジネスシーンでよく使われ、どんな組織でも「優秀な人が2割、普通の人が6割、イマイチな人が2割」いるということを指した言葉です。これは発達障害を取り巻く周辺環境にも当てはまるのではないかと思っています。

発達障害について深く理解し、支えてくれる人は全体の2割。次の6割はそこそこの理解はいただけるものの、積極的に協力してくれることはない人たち。最後の2割は無理解で、時には責めてくるような人たち。せいぜいそんなものだという前提です。

決して周囲の理解を求めるのが無駄だといっているわけではないのですが、どんなに頑張ってもダメな相手は一定数、必ず存在し続ける、というあきらめも大事。

わかってもらえなそうな相手へはちょっと悔しいけど、「すみません、しつけができていなくて」と、謝ってその場をしのぐ。あとはできるだけその人に会わないようにして、過ごすことを心がけるしかないような気がします。

なかなか理解してもらえない相手に向かって努力し続けても、ストレスが溜まる一方。何を言われてもスルーする力も時には必要です。

50

気づいたことは面倒がらずに記録に残す

「ほんとにもうっ！」とその日1日は思っていたのに、次の日に新しい事件が起こるとすっかり忘れてしまう。で、週末にこの1週間いろいろあった気がするんだけどなんだっけ？　となることも忙しい毎日の中ではよくあります。

でもこれはとてももったいないことです。

小さなことでも、あれ？　と思ったことがあったら、メモ帳でも、スケジュール帳の余白でもいいからできるだけメモをとっておきましょう。

ＡＢＡをやっている方なら簡単なものでよいので、ＡＢＣ分析を模した用紙を作成して書き込むのを習慣にするといいですね。（138ページのシート参照）

もちろん、記入したものはできれば定期的に見直すようにします。

すると、

「あー、いつも順番のことでお友だちとモメてるんだな」

「どうやら人がたくさんいるところは苦手らしい」

「最近、他害は減ってきたかも」

など、点が線になったことで、いろいろなことが見えてきます。

第3章で療育についてのお話でも触れましたが、この記録はそのまま先生に渡す生活の記録になりますし、専門医にかかっている方は、先生に最近の状態をモレなく簡潔に伝える資料として使うことができます。

また、携帯電話・スマートフォン、タブレット端末という便利なものも普及していますから、状況が許せば画像や音声で残すことにも挑戦してみましょう。

音読がスムーズじゃない気がする、と思ったらその様子を動画で撮ってみてもいいですし、学校で子どもの恐ろしくぐちゃぐちゃな道具箱を目にしたら、それを写真に収めておくなどしてもいいでしょう。無料のボイスレコーダーアプリもあるので、活用してみてもいいですね。療育先やお医者さんに実際の様子を見てもらったほうがよさそうなものがあれば、積極的に撮っておきましょう。

ただし、子ども本人が嫌がることも。よく相談をしてからがよさそうです。

51

「親の会」は慎重に選ぶ

検索すると、いろいろと出てきますよね。

発達障害関連の親の会。

でも規約をよく読むと、それなりの金額の会費を取られる場合も多く、入会には慎重にならざるを得ません。

ちなみに、私がおすすめできない「親の会」のケースとしては、ちょっとキビシイですけど、以下のようなところです。

●似たような子どもをもつ親の集まりではない。

⇓年齢・IQ・自閉度などの「困り感」がかけ離れていると、そこで話し合われているネタにちっとも共感できないので……。

●愚痴や悩みのオンパレードで、有意義な情報交換が行われていない。

⇓それでもいい人はいいのですが、わざわざ会費を払って参加しているのですから、少しでも子どものためになる有益な情報を手に入れたいものです。

●根拠のない療法が支持されている気配がする。

⇓マズイですね。非常にマズイです。

●療育に関する考え方が違う。

⇓療育を受けてきていない、または療育の方向性が違いすぎる。異なる理論で療育している相手とはなかなか仲よくなれません（笑）。

発達障害が一般的に認知されてきた昨今では、親の会もだいぶ増えてきたとはいえ、自分に合ったところを見つけるのは大変です。

1人で抱えきれない悩みもたくさんあるとは思いますが、そのうえ、親の会に関する悩みまで背負うことになっては本末転倒です。

情報なら本やインターネットでも十分に得ることができます。

親の会が自分に必要なのかどうか、今一度考えてみてくださいね。

52

情報は自らキャッチしにいくもの

子どもはいろいろと困ったことをしでかすし、意を決して行政機関に連絡を取ってみたところで、相談できるのは1か月以上先、療育開始はさらにその先。コトがコトだけに、近所の友だちに気軽に相談できるわけでもなし、いったいそれまでどうやって生きていったらいいんだろう。

追いつめられてにっちもさっちもいかない気持ちになること、誰にでもあると思います。でも、保護者が泣き暮らしたところで、状況が改善するわけではありません。

こういう時に頼りにしたいのが、以下の2つ。

●SNS

●図書館

私の場合、せっぱつまってSNSで「ウチの子どもが何度練習してもひらがなを書けない〜！」と叫んだら、特別支援教育士の資格をもつ方や同じような経験をされた先輩ママさんたちが、いろいろなアイディアをものの数分で教えてくれました。

モールでひらがなの形を一緒に作ったら？　とか、ななめの線は手を動かしてナナメポーズを一緒にやってみるとか。

ある大手学習塾に電話で相談した時の「10回書いて書けなかったら20回書けばいいんです。20回でダメなら……」という回答とは天と地の差が。

実名を公開しないSNSは、子どものプライバシーにかかわるネタの交換にはおすすめです。

IT関連は苦手で……という方は、図書館を味方につけましょう。蔵書を「発達障害」のキーワードで検索したら、関連書籍がどっさり出てきます。

発達障害に関する基本知識から、子どもの気持ちが書かれたもの、保護者の子どもへの接し方のアドバイス、学習の支援の方法についてなど、よりどりみどりです。

一番いけないのは、何もしないで親が嘆いて暮らすこと。

情報は、黙っていても手に入りません。

あなたと子どもを救ってくれる情報をぜひ、自ら探しに行ってください。

53

発達検査は「どこで」「いつ」が肝心

診断のために、また、子どもがもつ困難を見極めるために受ける発達検査。すでに一度は受けられたお子さんも多いのではないかと思います。

この検査、実はどこで受けるのかが重要。

たとえば、代表的な知能検査の一つであるＷＩＳＣ（ウィスク）。最新バージョンのⅣ※が出てからしばらく経ちますが、これに対応しているところは案外限られています。ワーキングメモリーの値もⅣなら指標としてあるので、知りたい方はⅣが受けられるところを探さなくてはなりません。

また、検査体制も重要です。

正確に測定するには、初対面の方に担当していただく必要があります。ストップウォッチを使用して、厳密に時間を管理、測定しながらやるので、手順に習熟していなければ誤差が出てしまいます。

※執筆当時の情報です。2024年現在、バージョンⅤが出ています。

これらの条件をクリアしたうえで、もう一つ重要なのが結果のフィードバック体制。同じような時期に公的機関で発達検査を受けた知人によると、レポートはA4用紙で1枚。詳しい説明もほとんどなく、「まぁ大きな問題はないですねぇ～」で終わってしまったとのこと。しかも、人手不足もあってか、いつも療育で会う先生が検査を担当。

児童精神科で受けた我が家では、子どもとは初対面の臨床心理士の方が担当。結果についても1ページのサマリーと5ページの分析レポートを、1時間かけて丁寧に説明してくださいました。有料ではありましたが、納得できる検査でした。

WISCは一度やったら、次にやるまでには1年半から2年は間隔を空けなくてはならないとされています。検査内容に関しての学習効果が残ってしまうからです。ゆえにタイミングだって重要。

検査の結果だけで子どものすべてが語れるわけではありませんが、特別支援学級に行くかどうかを決める、などの本人にとって重要な局面で参考にされるデータです。同じ検査を受けられるならどこでもよい、と思うのは大変危険なこと。信頼できる機関を選んで受けてください。

54

継続してフォローしてもらえる機関を探す

もしかして？　と気づくのが早い人だと1歳や2歳くらいの時。このころに療育を受けられる場所というのは、公的機関ではほとんどないはずです。

3歳ぐらいからだいたいの自治体では療育が受けられるようですが、それも入学前まででストップ。入学後は特別支援学級（学校）がそのフォローを引き継ぎます。

つまり、公的機関だけを頼りにしていると、大切な幼少期に子どものことを継続してチェックし続けてくれる場所がない、ということになってしまうのです。

それでも、各機関でスムーズにバトンの受け渡しができていればいいのですが、実際には、お世話になる機関が変わるたびに、これまでの成育歴はどうだの、発達検査はどんな種類をいつしたただのとイチからすべて説明するハメになるのが通例。

定員オーバー気味のエリアでは、最もフォローが必要な節目のタイミングに、もう落ち着いたんじゃない？　などというわけがわからない理由で、フォローが打ち切られることも少なくありません。

よって、将来にわたるしっかりとした支援を継続して行うためには、保護者の側でなんらかの機関を見つけておく必要があります。

といっても〝児童精神や発達外来のお医者さん〟や〝民間の療育・相談機関〟などに限られてはしまいますが。

小さい時からお世話になっている先生は、やはり子どものことをよくご存知です。子どもにとっても長い間変わらずに見守ってもらえる相手がいるのは、安心できるものであるに違いありません。

そういえば3年前はこうでしたね、なんて昔話もできる専門家を長いスパンで確保しておくこと。せめて思春期までは継続してフォローしてもらえる先を探しておくことを、強くおすすめします。

保護者が気づけていなかった成長を教えてもらえると、ちょっぴり元気が出ますよ。

55

自宅は〝賃貸〟がベター

よくある金銭的なメリットうんぬんの話ではありません。

もし、あなたがまだ家を買っておらず、賃貸物件にお住まいなら、しばらくはそのままのライフスタイルを貫かれることをおすすめします。

なぜかというと、転校を容易にするため。学校での人間関係がうまくいかずに、環境を変えたほうがよい場合があるからです。

最も緊急度が高いのは第5章でもお話したように「いじめ」が発生した時。時間をかければ解決することもありますが、いっそ転校してしまったほうが手っ取り早いケースも少なくありません。

また、残念ながら担任の先生とうまくいかないこともあります。最近では先生は1年で替わることが多いとはいえ、その間に子どもが不登校になってしまうことも。あまりのんびりとしてはいられません。

担任の先生だけでなく、入学してみたら学校全体が発達障害の子どもにフレンドリーな感じではなかった、ということもあるでしょう。

また、あらかじめ保育園・幼稚園時代に発達障害の可能性がわかったけれど、地元の小学校には通級による指導がない、という場合。入学前に通級指導がある学校の校区に引っ越ししておけば、通学の負担を減らすことができます。

なかには、ほとんどすべての学校に特別支援学級が併設されている自治体もありますので、そこを目指しての引っ越しを考えてもいいかもしれませんね。

服薬が開始された場合、自治体によって子どもの医療費の助成などに違いがある場合があるので、この点もポイントになります。

どんな家に住んでいようが、引っ越しは大変な作業です。

それでも、今持っている家を売って、新しく生活を始めるよりも、賃貸物件のほうが身軽に動くことはできます。

賃貸物件の方はしばらくそのままで、そして持ち家の方も、いざとなったら引っ越しをいとわない覚悟が必要かもしれません。

56

保護者にもクールダウンが必要

子どもに手を上げてしまった。または毎日のように手を上げそうになる。

強い調子で怒鳴り散らしてしまう。

発達障害のある子どもを育てていれば、ダメだと頭の中ではわかっていても、ついやってしまうこと、あると思います。特に幼少期の大変さには、筆舌に尽くしがたいものがありますもんね。理性ではわかっていても、自分を制御するのはせっぱつまった心持ちの中では難しいものです。

そんな時、みなさんはどうしていますか？

私は、子どもの前から逃げていました（笑）。

子どもを見ていると、お恥ずかしい話、どんどんイライラが募ってきてしまいます。

だからまずは物理的に距離を置くようにしたのです。

といっても、誰かほかの人が見ていてくれるわけではないので、窓が開かないよう、危険なものが手に触れることがないよう、子どもの安全を確保してから、自分は1人、別室へ逃げる。別室がなければトイレだっていいのです。鍵もかかるし、落ち着くし、なかなかいい空間。

そこで思いっきり1人で泣く。

しばらくして、冷静になれたら子どものそばに戻る。そして、「ああ、今日も虐待せずに済んだ」とほっとする、そんな綱渡りのような毎日でした。

どうしても、子どもがかわいく思えない、毎日怒ってばっかりでイヤになる、そんな方もいることでしょう。でも保護者としてやっちゃいけないラインがあります。

その瞬間が来たら、とにかく子どもから一度離れる。顔が見えない場所へ行く。まずはそこからです。そして、次にあなた自身を支援してくれる先を見つけること。

行政機関にも相談先は用意されていますし、NPOや大学の心理センターなどでも、保護者の相談にのってくれるところがいくつかあります。

保護者が救われなければ、子どもも決して救われません。

最初に支援が必要なのは、子どもではなく、実は保護者なのだと私は思っています。

57

保護者は子どものプロであれ

私がかつて、ベテランの編集者さんと話をする機会があった時のことです。

その方が担当しているのはパソコン関連の雑誌でした。

さぞかし、IT関係の知識が豊富なんだろうな、と思っていたのですが、彼個人はそれほど詳しくはないのです。

彼いわく、最新の情報は自分よりも詳しいスタッフがたくさんいる。その方に任せたほうがいい。編集者がもっておくべき知識は、自分の雑誌の読者がどのような情報をほしがっていて、それをどのレベルの詳しさで届けるのが適切か熟知していることだ、と。

彼が最後に言ったのは「編集者は読者のプロであれ」というひと言でした。

最近、この話を思い出して発達障害のある子どもの保護者も一緒だな、と感じています。私たちが、発達障害のプロである必要はないのです。

もちろん、発達障害についての一般的な知識はもっておいたほうがいいですが、さまざまな療育理論を熟知し、自分でも療育ができちゃう、というところにまでなる必要は全くありません。

一番大切なのは、自分の子どもについて誰よりも詳しくあること。どんなことが好きで、得意で、逆に苦手なことは何で、パニックを起こす可能性がある環境はどんなところなのか。どういう対応をしたら落ち着けて、どういうやり方ならうまくいくのか、保護者がしっかり把握していることです。

1人ではもちろん難しいですから、専門家の力も借りてオーケー。本を読んだり、ネットで調べたりする必要が出てくることもあるでしょう。

この子のことなら誰よりも自分がよく知っている、そう自信をもって言えるようになるための努力は、決して惜しんではいけません。

「保護者は子どものプロであれ」。私も肝に銘じています。

58

お母さんこそ、息抜きを

子どもの毎日を支えているのはお母さんであるケースが多いのではないかと思い、ここではあえて、「お母さん」のために書かせていただきます。

赤ちゃんの時から寝かしつけに苦労し、食事では偏食に頭を悩ませ、友だちとはよくケンカし、なぜかケガも多い。

男の子のお母さんの中には、もう謝罪が定番、という方も少なくないのではないでしょうか。常に謝罪用の菓子折りを買ってある、という用意周到なお宅もあるとか。

こうしたお母さんの努力や苦労はもう涙なしでは語れませんよね。

でも、あまり真面目に子どもの発達障害に向き合っていると、ちょっとまいってきませんか？　できることなら、何もかも放り投げ出して失踪でもしたくなりませんか？

残念ながら、そうするわけにもいかないので、ここはうまく気分転換をしていきたいところ。個人的には、映画とか買い物とかランチとか、そういうありがちなネタではちっとも気分転換できないくらい、重たいものを背負っている気分な時もありますので、もうちょっと非日常な感じにいきたいものです。

あと、できるだけチープなものがいいですね。家計のことを考えながら、使ったお金にため息をついているようでは、ストレスがかえって増しますので。

私のおすすめは、脱毛（笑）。最近は価格競争が激しいので、びっくりするくらい安いお値段でスタートできちゃいます。不要なものもなくなって一石二鳥！　所用時間も1時間程度とお手軽！　もちろん、いちいち家族の許可なんて取らずに内緒でやっちゃいますよ！　余裕がある方はエステもいいかも！

仕事をもっている方は、両立がしんどくてもやめないことです。子どものことでつらい思いをしている時、仕事の忙しさに救われることがきっとありますから。

ただでさえ、お母さんは自分のことをあと回しにしがちです。

でも、お母さんにはお母さんの人生があります。そこは死守です。

ストイックに子どものことだけ考えて生きるお母さんがエラいなんて、誰が決めた！

そうそう。昼間の1人カラオケもおすすめですよ！

手作りして使ってみたら効果があった！

子ども支援ツール

子ども支援ツール ①

学校から帰ってきたらやることカード

小学生というのは学校から帰ってきてからが結構忙しいのです。

まずは毎日の宿題。学校によってはかなりの量です。

連絡帳には、翌日の持ち物や学校行事の連絡なども書かれているので、忘れずに保護者に見せなくてはなりません。

学校からの配布物も毎日のようにあるので、これも保護者へ。

明日の時間割をそろえて、ランドセルに入れて、鉛筆を削って……もうこのあたりまでくると、毎日のルーチンワークとはいえ、やるべきことが把握しきれなくなっていることも。

で、どうなるかというと、作業スピードが遅くなります……。

毎日、保護者が「次は○○しなさーい！」と催促するのも本人が自発的に行動するための助けにはならないと考え、作ったのがこのカード。

これは市販されている印刷可能なマグネットシートにやることを印字して、ホワイトボードに貼ったもの。

終わったものは外していって、カードが全部なくなったら終了です。

楽しんでできるよう、終了後におやつやゲームをやれる権利が当たる「お楽しみくじ」が引ける、という企画を盛り込んだら、めちゃくちゃ早く終わるようになりました（笑）。

かなり細かいところまで項目にしました。耐久性を考えて、カードはラミネート加工してあります

夏休みの宿題がんばるぞシート

毎日の宿題もかなりの量ですが、夏休みの宿題も相当なものです。量も種類も豊富。学習プリントもあれば、絵日記もあり、アサガオの観察記録もある。そのうえ、自由研究もある。

子どもはもちろんのこと、保護者のほうも、ぼーっとしていては全部を把握しきれません。

というわけで、まずは見通しをつけよう！　と思って作ったのがこのシート。どんな種類の宿題が、どれだけあるのかを１枚にわかりやすくまとめました。

終わった部分のマスには色を塗っていく形にしたことで、進捗状況が目で見てわかるようになり、本人的にも「あと少し頑張ろう！」という気持ちになれたようです。

また、それぞれの宿題にゴールを設け、“いいコト”がもらえるようにしました。大好きなアイスが食べられるとか、気に入っているお店で外食できる、などです。

おかげで夏休みの宿題は毎回結構スムーズ。

本当は学校のほうで、作ってもらえるとうれしいんですけどね……。

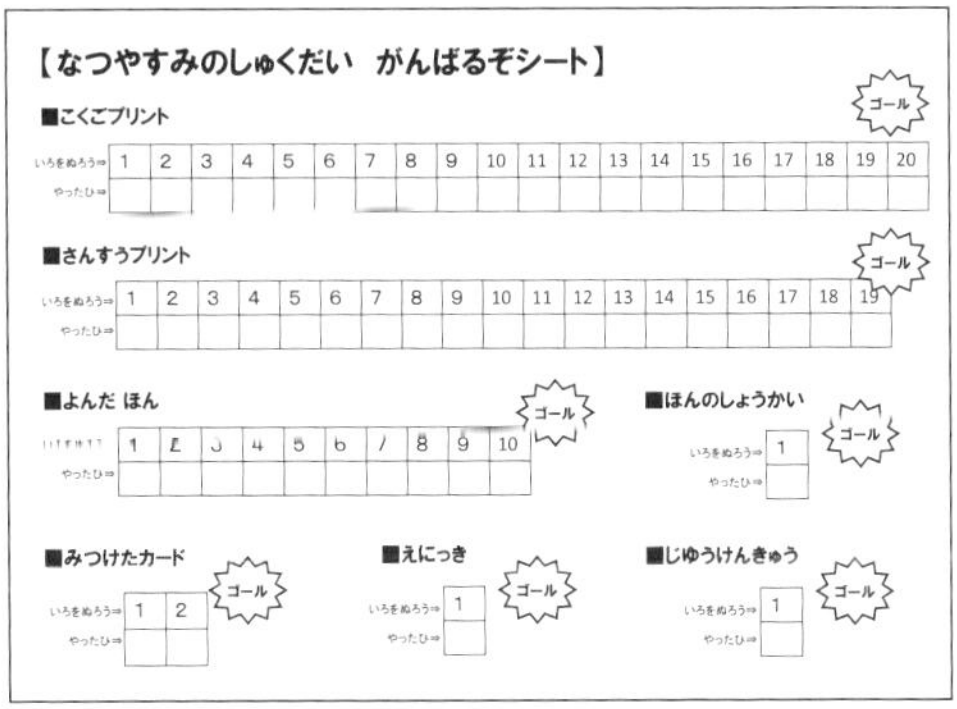

【なつやすみのしゅくだい　がんばるぞシート】

■こくごプリント　ゴール

いろをぬろう⇒	1	2	3	4	5	6	7	8	9	10	11	12	13	14	15	16	17	18	19	20
やったひ⇒																				

■さんすうプリント　ゴール

いろをぬろう⇒	1	2	3	4	5	6	7	8	9	10	11	12	13	14	15	16	17	18	19
やったひ⇒																			

■よんだ ほん　ゴール

いろをぬろう⇒	1	2	3	4	5	6	7	8	9	10
やったひ⇒										

■ほんのしょうかい　ゴール

いろをぬろう⇒	1
やったひ⇒	

■みつけたカード　ゴール

いろをぬろう⇒	1	2
やったひ⇒		

■えにっき　ゴール

いろをぬろう⇒	1
やったひ⇒	

■じゆうけんきゅう　ゴール

いろをぬろう⇒	1
やったひ⇒	

自由研究など、パワーが必要そうなものはマスを大きめにしてあげるのも、わかりやすくていいかもしれません

子ども支援ツール ③

気になった行動記録シート

第６章でも触れましたが、子どもの行動で気になったものがあったら、その日のうちに記録に残すようにするのがベター。

手帳にメモ、という形でももちろん十分なのですが、第三者に見せることや、あとで保護者が振り返ることも考えて、整理された形で残したいものです。

これを作った当時はABA（応用行動分析）による療育を受けていたので、その考え方に沿って一連のストーリーで記録できるようなシートを作りました。詳細は専門書にお任せしますが、簡単にいうと「行動」だけでなく、

・そのきっかけとなった出来事や状況

・行動したことによって何がどうなったのか

というところまでちゃんと記録しておく、ということです。

あとで見直すと、どんな時にどんな行動が出やすいのかがわかって、SSTのネタにもなるし、環境調整もしやすくなります。

いろいろな方が少しずつ違うパターンのシートを作成しているので、参考にさせていただきながら、私も自分が使いやすいものを作りました。もう100枚以上書きましたよ……。

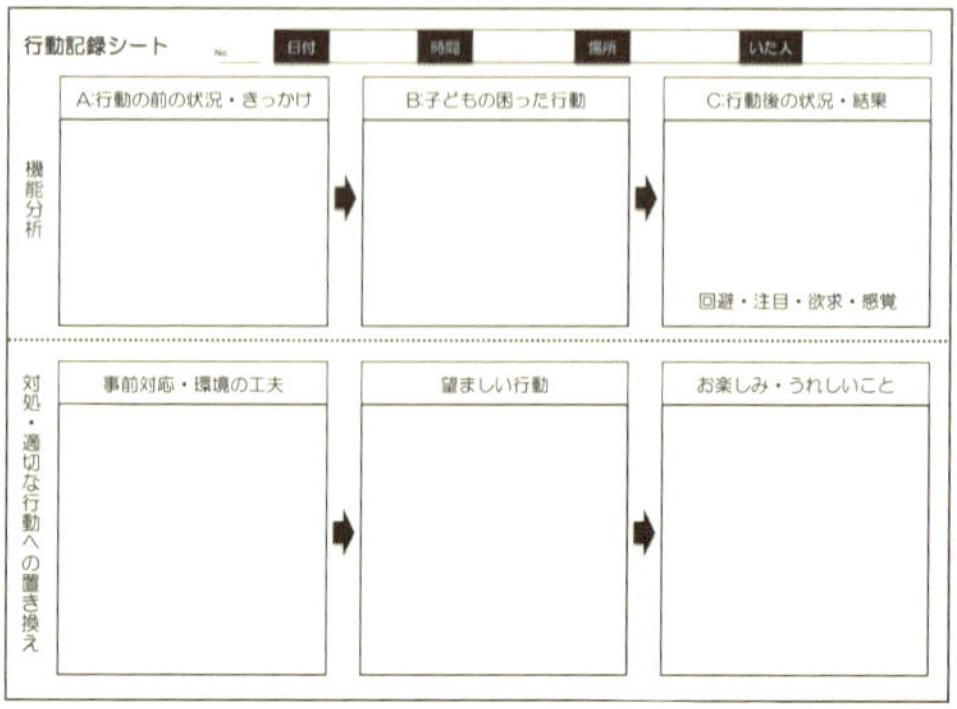

忙しい時は上半分だけでも。下半分については後日じっくり考えて書いても可

子ども支援ツール ④

自分のための振り返りシート

子どもがお世話になっているお医者さんに、「そろそろお子さんご自身で、自分の行動を分析してみるのもいいかもしれませんね」とご提案いただいたのが、このシートを作ったきっかけでした。

保護者が子どもの行動を観察して、あーだこーだと素人分析するのも必要なことではあるのですが、それを本人が自らできたら確かにもっといい！

ということで、まずは簡単に自分の行動を振り返るためのシートを作ってみました。

このシートを書く必要が出てきた時というのは、残念ながらあまりよくないことが起こったあとということです。

起こってしまったことはしょうがないので、それを次の適切な行動を生み出す糧にできるよう、できるだけ前向きな気持ちで書けるように心がけました。

もちろん、「こうすればばっちり！」のところを１人で考えるのは難しいので、一緒に考えます。

なかには縮小コピーして、筆箱のふたの裏に貼って、いつでも目に入るようにしたものまであります。忘れたくない、二度と同じことをしたくない、という本人の希望でした。

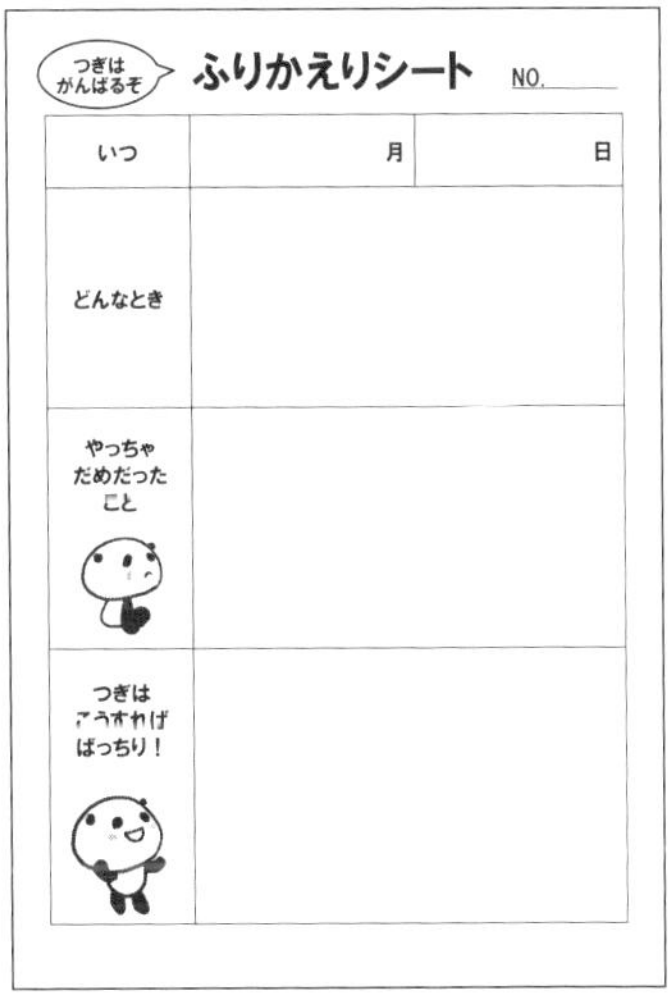

このシートを一緒に書くことで、子どもを叱る必要もなくなります。うまくいったことを記録するシートも同様に作るといいかも

子どもの「説明書」

第２章でふれた「説明書」。

やや語弊がある名称ですが、要は子どもに密にかかわってくださる方々向けに、子どもの特性をわかりやすくまとめた資料です。

その時点までの療育などの集大成となるレポートですから、それはそれは気合いを入れて作ります。

我が家では年に１回、春休みのタイミングで内容の見直しを行い、４月にはその年の担任の先生にお渡しするようにしています。

説明の時間がいただければいいのですが、そうでないこともあります。お渡しするだけ、そして万が一読んでいただけないことがあったとしても、しっかりと作り込まれたボリュームのある資料なら、保護者の本気度くらいは伝わるんじゃないかと思っています。

主な内容は次に紹介する４つ。原因と対処法についてはかなりのページ数を割くこともあります。

保護者が側についてあげられない時間をカバーしてくれる、大切なツールの１つだと思っています。

冒頭には
診断名・服薬状況
などの
アウトラインを

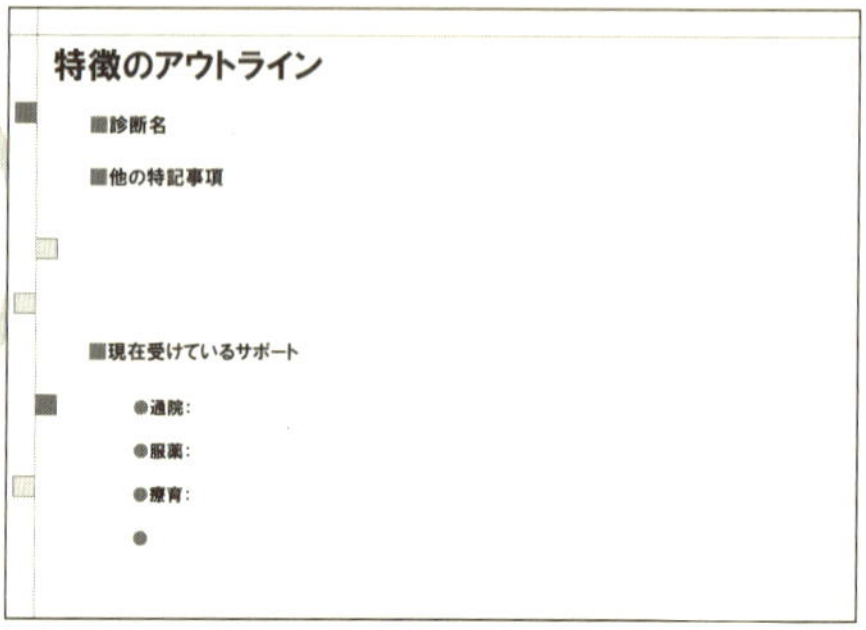

「最初に
先生にお願いして
おきたいこと」
(P.30～35)の
3つも書きます

お願いしたいこと

✓指導を難しく感じる部分、他のお子さんと比べて際立ってできない事項等がありましたらぜひお知らせください。

⇒家庭生活ではわからなかった、本人が抱える困難を発見できる場合があります。
⇒専門家と、何がそのハードルになっているのかを探り、対処するための方策を探していきます。

✓ 診断名に該当する特徴のすべて当てはまるわけではないことをあらかじめご理解ください。

⇒発達障害と言われている子どもも100人いれば100通りの違いがあります。
専門書通りの対応が当てはまならい部分も数多くあることをあらかじめご理解ください。

✓本人には診断名などをお伝えいただかないようお願いします。

⇒本人告知は、時期を見て、専門医のアドバイスに従って慎重に、と考えております。

原因(?)ごとに、
行動と対処法を
書きます

特徴から生じる具体的な事象とその対応方法①

こだわりの強さ ⇒ こだわりたくてこだわっているのではありません。

予測がつかない、突然の変更はとても不安に感じます。

明確な理由がない、また必然性のない変更は受け入れがたく感じます。

▶以前のやり方、なじみのある方法にこだわることで安心しようとします。

☑ 変更はできるだけ、事前に予告をお願いします。
☑ 突然の変更も、理由の明示をいただけるとスムーズです。
☑ 視覚でとらえられる形で示していただくと理解しやすいです。

教科ごとの補足が
あればまとめます

教科の支援

国語	単調な漢字の書き取りなどは苦痛を伴うようです。筆圧のコントロールも上手くないため、大量の文字を書くことはとても疲れるようですので、自宅では休憩をこまめに入れながらやっています。
算数	
図工	
音楽	
体育	
生活	
道徳	
学活	

あとがき

私の知人で、1人目の子どもは発達障害、2人目は定型発達だったという方が、ある日ポツリと言いました。

「2人目を育ててみて、よその親はこんなに楽をしていたのか、と驚いた」

そのくらい、発達障害の子どもを育てるというのは大変なことのようです。

最近では発達障害についての情報もずいぶんと手に入りやすくなったし、療育環境の整備も進んできていますが、保護者のケアに関してはまだまだといったところ。

保護者だって子どもと同じくらい毎日しんどい思いをしているのに、なかなか支援を得られないというのは困ったものです。

この本の原稿を書きつつ気づいたのは、これは全部、自分がほかの誰かに言ってほしかったことだということ。しんどい時、こうしたほうがラクだよ、今は無理してやらなくても大丈夫、そんなふうに言われたかったのは、いつも自分自身でした。

自分がされてうれしいことは、人にもするべし（笑）。

そんな気持ちでコツコツ書いてみた原稿です。お手に取っていただき、そして読んだら少し心がラクになった、と感じていただけたら本望です。

最後になりますが、いつも身近にいて支えてくれる家族、友人、いつもお世話になっている先生たちにこの場を借りてお礼を申し上げたいと思います。日々大感謝です。

また、この本に素敵なイラストを寄せてくださった熊野友紀子さん、読みやすくわかりやすいブックデザインをしてくださったソヤヒロコさん、私の唐突な申し出を快く受けてくださった『月刊実践障害児教育』※編集長の相原昌隆さん、本当にありがとうございました。

そして、たくさんのネタを提供してくれた我が子よ。

あなたのおかげで私の人生はあまりに楽しい。ありがとう&これからもよろしくね。

2014年　3月　小林みやび

※現在の誌名は『月刊 実践 みんなの特別支援教育』。

本書は、2014年に初版第1刷が発行された書籍『発達障害の子を育てる58のヒント』の新装版です。
内容には必要に応じて一部加筆・訂正を加えておりますが、文章の背景となる環境・制度等は、執筆当時のものです。

学研のヒューマンケアブックス

発達障害の子を育てる58のヒント 新装版

2014年4月30日　初版第1刷発行
2024年9月24日　新装版第1刷発行

著　者　　小林みやび

発行人　　土屋　徹
編集人　　滝口勝弘
発行所　　株式会社 Gakken
　　　　　〒141-8416　東京都品川区西五反田 2-11-8
印刷所　　株式会社リーブルテック

デザイン　ソヤヒロコ
イラスト　熊野友紀子

●この本に関する各種お問い合わせ先
本の内容については、下記サイトのお問い合わせフォームよりお願いします。
https://www.corp-gakken.co.jp/contact/
在庫については　Tel 03-6431-1250（販売部）
不良品（落丁、乱丁）については　Tel 0570-000577
学研業務センター 〒354-0045 埼玉県入間郡三芳町上富 279-1
上記以外のお問い合わせは　Tel 0570-056-710（学研グループ総合案内）

学研グループの書籍・雑誌についての新刊情報・詳細情報は、下記をご覧ください。
学研出版サイト　https://hon.gakken.jp/
実践みんなの特別支援教育サイト　https://gakken.jp/human-care/